外国教育考试评价译丛

融入学习的考评

——利用课堂考评优化学生学习

Assessment as Learning:

Using Classroom Assessment to Maximize Student Learning

［加］洛娜·厄尔　著

苏　峻　高凌飚　译

高凌飚　审校

中国教育出版传媒集团

人民教育出版社

PEOPLE'S EDUCATION PRESS

·北京·

图书在版编目（CIP）数据

融入学习的考评：利用课堂考评优化学生学习／（加）洛娜·厄尔著；苏峻，高凌飚译. —北京：人民教育出版社，2023.2

（外国教育考试评价译丛）

ISBN 978-7-107-36844-8

Ⅰ. ①融… Ⅱ. ①洛… ②苏… ③高… Ⅲ. ①教育评估 Ⅳ. ①G40-058.1

中国国家版本馆 CIP 数据核字（2023）第 027142 号

融入学习的考评——利用课堂考评优化学生学习

出版发行 人民教育出版社

（北京市海淀区中关村南大街 17 号院 1 号楼　邮编：100081）

网　址 http://www.pep.com.cn

经　销 全国新华书店

印　刷 人民教育出版社印刷厂有限公司

版　次 2023 年 2 月第 1 版

印　次 2023 年 5 月第 1 次印刷

开　本 890 毫米×1 240 毫米

印　张 5.625

字　数 110 千字

印　数 0 001～1 500 册

定　价 35.00 元

“外国教育考试评价译丛”总目

（高凌飚　主编）

Lorna Maxine Earl

Assessment as learning: using classroom assessment to maximize student learning (Second edition)

ISBN 978-1-4522-4297-2

译者前言：视角的转换与观念的更新

（一）

20世纪80年代以来，世界各国都认识到考试评价对教学的巨大作用，不断进行考试评价的改革。一方面，以国际数学与科学教育成就趋势调查（TIMSS）和国际学生评估项目（PISA）为代表的大规模学业质量监控测试风靡全球。西方发达国家纷纷编制和公布国家的学业质量标准，组织全国性、地区性的统一考试，对中小学教育教学工作的质量进行监控，对学校的校长和教师进行问责。甚至以测试的成绩为基础对各国基础教育的质量进行比较。另一方面，以《黑箱之内：利用课堂考评提高水平》① 一书为代表，研究者在综合归纳大量研究的结论之后，对日常教学中的形成性考评给予了高度的正面评价，而对大规模的统一考试则颇有微词。后来出版的《促进学习的考评——付诸实践》② 和《融入学习的考评——利用课堂考评优化学生学习》③，分别从教师教学的视角和学生学习的视角对学校里日常发生的、与教学和学习交织在一起的形成性考评的理论基础和实践方式进行了较为全面的阐述。终结性的考评似乎一

① Black, P. & Wiliam, D. *Inside the black box: Raising standards through classroom assessment*. London, England: King's College School of Education, 1998.

② Black, P., Harrison, C., Lee, C., Marshall, B., Wiliam, D. *Assessment for learning: Putting it into practice*. Berkshire, England: Open University Press, 2003.

③ Earl, L. M. *Assessment as learning: Using classroom assessment to maximize student learning*. Thousand Oaks, CA. USA: Corwin Press, 2003.

时被遗忘了。随着时间的推移，人们终于认识到，单方面强调某一类型的考评是不可取的。《总结学习的考评》[①]一书应运而生，这本书对学校里大量存在的终结性考评重新进行了审视，既肯定了其必要性和对学生发展的积极意义，又对如何处理这三类不同的考评提出了富有建设性的意见。这三本书合在一起，构成了对学生学业水平的考评较为全面、均衡的观点。这是我们要把三本书编为“外国教育考试评价译丛”的一个重要原因。

我国长期以来盛行各种高利害的考试，学生的命运、教师的命运、学校的命运乃至一些行政领导的命运，都和高利害的统考捆绑在一起，致使“应试教育”愈演愈烈，后果十分严重。为了破解这种局面，一些人走向了另一个极端，在2001年开始新课程改革的时候就有人完全否认终结性考评的正面作用，提出取消量化的终结性评价，造成了基础教育界对考评的认识和实践上的混乱。这种极端的思想很快就受到全体教育工作者和社会各界人士的抵制，消失于无形之中。但是，由于课程改革的上层设计者未能为新课程提出一个真正“以促进学生发展为目的，主体多元、方法多样”的评价体系，更由于根深蒂固的“考试至上”和“应试教育”传统的影响，新课程改革几乎没有触动学生学业评价体系，这反过来又对新课程的实施和效果造成了极大的负面影响。许多地方和学校，特别是在高中，新课程改革只不过是“教学内容的变革”或“知识点的调整”。促进学生全面发展、从根本上提高学生素质的目标远远没有实现。随着新版普通高中课程标准的颁布，我国又开始了新一轮的课程改革，培养和发展学生的核心素养成为新高中课程的根本目

① Harlen, W. *Assessment of learning*. London: Sage Publications Ltd., 2007.

标。在总结上一轮课程改革经验教训的基础上，新的高中课程根据对学生核心素养的要求制定出学业质量标准，并通过外部组织的学业水平测试（包括“达标”测试和“等级”测试）对学生的学业质量水平加以鉴定，作为学生毕业和升学的依据，并据此对学校和教师进行问责。外部组织的统一考试根本不可能全面深入地反映学生学习的质量，或者说学生素养发展的水平。对学生学习质量的考评不应止于由外部组织的水平测试，还应该包括发生在日常教学过程中大量为促进和优化学习而进行的形成性考评，还有以检查学习情况而进行的终结性考评。于是出现的问题是：这些不同形式的考评到底在教育教学工作中起什么作用？在教学中它们各自的功能、导向和地位是什么？它们本身有什么特点和问题？它们之间的相互关系怎样？如何解释和利用各种考评的结果？如何将各种不同的考评有机地整合为一个均衡的整体加以实践，从而全面均衡地促进学生的发展？如果不认真思考解决这些问题，就无法真正建立以促进发展为目标、主体多元、方法多样的考评系统，原来已经非常严重的以考试为中心的教育教学思想将会随着学业水平考试的实施而进一步泛滥，“应试教育”将登峰造极，教育的实际将更加远离素质教育的理念。上述三本著作恰恰可以对这些问题给出较为全面和清晰的回答，不仅从理论上、观念上做出回答，还在实践上、操作上举出许多典型的案例。这是我们翻译这三本著作的最主要的原因。

（二）

说到这里，有的读者可能会问，为什么要用“考评”这一术语而不用大家已经熟悉了的“评价”，是否只是求新猎奇或哗众取宠？答案是否定的，用“考评”取代“评价”是经过深思熟虑的，反映了评价概念的演变。

有教育就有检查评价教育效果的需要。不过在20世纪以前，教育的领域中只讲考试和测验，并没有明确的评价概念。评价（evaluation）的概念是随着现代评价理论的产生而建立起来的，以价值判断作为概念的核心①。泰勒提出的教育评价概念更进一步要求以教育目标的达成作为导向，以终结性的测验为手段去了解学生的学业水平②。要进行价值判断就必须收集能够证明学习价值的数据或资料，英语中用“assess”或“assessment”来表达评价中收集数据或证据的检测过程，它不像考试或测验那样代表一种具体的工具和方法，而是代表某种抽象化了的过程方式的术语，从属于评价的概念③。20世纪40年代之后，评价对教学的诊断功能和回流作用得到重视，评价不仅用来了解衡量学生的学习成果水平，还用来诊断教学中的问题，从而对后续的教学起指导作用。为此，我们需要在教学的过程中检测学生的学习表现，而不仅是在教学告一段落之后才来进行检测。为了区分两种不同的评价，我们用终结性评价（summative evaluation）这一术语来描述经过一个阶段的学习之后进行的评价，旨在判断学生学业水平，用形成性评价（formative evaluation）这一术语来描述在教学过程中进行的评价，旨在发现和诊断教学中的检测问题④。

---

① [美]雷伯著，李伯黍等译：《心理学词典》，上海译文出版社1996年版，第290页。

② Tyler, R. W. General Statement on Evaluation. *The Journal of Educational Research, 35* (7), 1942.

③ Husén, T. & Postlethwaite, *T. N. The International Encyclopedia of Education (2nd Edition, Vol. 1)*. Oxford: Elsevier Science Ltd., pp. 363–364, 1994.

④ Alkin, M. C. *Evaluation Roots: Tracing theorists'views and influences*. California: Sage, p.187, 2004.

随着对学生学习过程的重视不断加强和研究的不断深入，人们发现，进行形成性评价时关注的重点并不在于对学生的学习水平作一个价值性的判断，而在于对学习情况的了解和学习过程的诊断，这就导致概念核心的漂移。继续用“评价”这一术语来描述这样的过程就不能反映它真正的含义。“考评”（assess）一词恰好较少涉及价值判断的含义而带有建构的含义[①]。因此人们开始使用形成性考评（formative assessment）取代形成性评价这一术语，它所表达的是对学习过程的全面检测、基于检测所进行的诊断与反思，以及对后续学习的导向。它关注学业水准的质和量两个方面的“诊断与判断，解释与反思”，而不仅是为进行价值判断而收集证据的过程[②]。在国外，“考评”（assess/assessment）一词从此逐步取代“评价”（evaluate / evaluation）成为人们在论及学业成绩时最为广泛使用的术语。特别是在20世纪80年代之后，质性考评手段大量涌现，“标准”“规范”“量化”等支撑评价概念的重要因素都与新的考评手段发生矛盾，考评的概念再也不能被包容在传统的评价概念之中，于是从评价的概念中独立出来，成为一个与“评价”联系紧密、有一定交汇但是又相对独立的概念[③]。英国教育部把“考评”描述为“学校中为了解、诊断、评估考评学生的学习情况和水平，利用量化的以及质性的多种方式，如测验考试、评改作业、讨

---

① Lewy, A. Postmodernism in the Field of Achievement Testing. *Studies in Education, 22*(3): 223–224, 1996.

② Allal, L. & Lopez, L.M. Formative assessment of learning. In OECD, *Formative assessment: Improving learning in secondary classroom*. France: OECD Publishing, pp.241–264, 2005.

③ Crooks, T. J. The impact of classroom evaluation practices on students. *Review of Education Research, 58*(4): 438–481, 1988.

论提问、谈话面试等等，收集学生在知识、理解、能力、态度等等方面的表现情况并加以解释的过程”[①]。上面已经提到，进入21世纪之后，研究者从考评的功能出发对考评做了全新的定位，区分三类目的不同的考评：着眼于检测学习效果的“总结学习的考评”；着眼于发挥考评在诊断教学过程中的问题以促进学生的学习和发展的“促进学习的考评”；将考评视为“元学习”的一个要素，着眼于学生对自己的学习过程的反思和优化的“融入学习的考评”。

由上可知，随着评价概念的演变，人们越来越倾向于有区别地使用“考评”（assessment）和“评价”（evaluation）这两个术语，用以代表两个相近而不相同的概念。然而在我国，长期以来并没有对这两个概念加以区别，以“评价”一词涵盖两个不同的概念，造成一定程度的混乱，不利于考评 / 评价观念的革新，也妨碍了它们在教育教学中的实施。为进一步厘清这两个不同的概念，我们翻译的这套丛书以“考评”对应“assess / assessment”，“评价”则对应“evaluate / evaluation”[②]。

对比评价与考评两个概念，可以发现两者存在一些本质的不同。

第一，评价的主旨是价值判断，回答的是学生的学习有没有完成预定的目标，收到预期的效果，也即学习有没有实现预期的价值这一问题。考评则不强调价值判断，回答的主要是学生的学习进行

---

① Gipps, C., Brown, M., McCallum, B,. & McAlister, S. *Intuition or evidence? Teachers and national assessment of seven-year-olds*. Buckingham, UK: Open University Press, pp.10–11, 1995.

② 高凌飚：《考评概念浅析》，《天津师范大学学报（基础教育版）》2014 年第 1 期。

得怎么样，存在什么问题，应当如何改进，也即是学习应该如何进行才更加有效的问题。

第二，评价过程侧重的是比较和判断，即与预设的标准进行比较并据此作出判断。考评过程侧重的是建构，通过外部的协商和内在的建构来认识、理解和把握学习认知的规律，促进自身的发展。

第三，评价更为强调参照，或以课程标准为参照，或以同辈人群为参照。考评主要是基于认知和发展的规律对学生学习状况的检查，注重的是学生自身在学习过程中表现出来的认知与发展水平与存在的问题。考评需要一些预设标准和参照，但其运用更为灵活。

第四，评价强调过程的客观性和解释的公平性，要求尽可能用量化的手段加以实施并表达结果。考评则不强调这两个方面，实际上由于质性方法的引进，考评过程不可避免地带有主观性，其结果的解释也不可能实现绝对的公平。

第五，评价通常是由学生之外的主体，如教师、教育行政当局等等主持进行的。考评的主体不仅包括外在于学生的教师和教育行政当局，还包括学生本身，进行自评和互评。许多时候学生的自评和互评所起的作用还更为重要。

第六，评价的结果往往与被评价对象的功利有关，可能导致虚假现象的出现。考评的结果会影响学习的进程和效果，但一般不会直接涉及功利，因而更具真实性。

第七，评价只是间歇式地对学生的学习进行抽样式的了解，难以关注到学生学习的整个过程，也难以对学习的质量有全面深入的了解。考评，特别是形成性考评则是全程式的，积少成多，由浅入深，对学生学习情况的了解和把握是全方位的和深入的。

概括起来，可以说评价更多是从管理的视角出发，实施对教育教学效果和学生学习情况的质量监控。评价强调的是价值判断，关注的是教育（教学）作为社会事件或现象的效果，保证公平需要预设的标准，程序和规范严谨，以量化手段为主，着重的是数、量和价值。考评更多是从学生学习和发展的视角出发，了解学生的素养和发展的水平，强调的是反映学生学习状况的信息的有效性和可靠性。考评是个性化的，公平公正不是首要考虑的问题，考评的参照标准是发展的，以对象（学生）内在的认知和发展为主，外部的参照为辅。考评需要兼顾质与量两个方面，着重的是实质、能力和质量，注重将考评融入教与学的过程之中。

当然，评价与考评，特别是终结性考评也有许多交叉重叠之处。所以也有人主张：考评的对象是人，指“在教育中收集、解释和使用证据，以对学生的成绩做出判断的过程”；评价的对象是事或物。而事实上无论是对人还是对事，交叉和重叠还是无法避免的。这也是反映两个概念之间的关系的一个重要特点。

（三）

从评价到考评的概念变化，反映了我们对如何检测教育教学质量的观念的变化，以及对教育教学过程的认识视角的变化。从管理的视角出发，我们需要在教育教学工作告一阶段之后，对学生学习成果进行检验。把这些情况向学生、教师、学校、家长、社会报告，以为后续的工作决策提供依据。这便是终结性考评，或者说是总结学习的考评。

总结学习的考评通常在学习进行了一个阶段之后进行，通过与一定的标准进行对比并评定等级（分数），考评的结果会报告给学生及家长，这些都与终结性评价的概念内涵相近。但是必须注意，总结学习的考评与终结性评价是有区别的，主要表现在以下几个方面。

（1）总结学习的考评当然涉及判断，但这种判断主要不是价值的判断，而是状况和问题的判断，学生的进步情况如何，学习中存在什么问题，等等。当然，也可以将考评的结果作为评价学生学习成效的依据，在后一情况下考评成为“获取进行评价所需要的证据和资料的过程”，也就是评价理论初创时期对考评的认识。

（2）总结学习的考评需要有目标的参照。但这种目标应是根据学生的实际情况决定的，而且是在教学过程中不断根据实际情况进行调整的。预设的目标只是建立考评目标的参照。换句话说，对不同的学校和学生，在不同的学习阶段进行考评，如甲校和乙校，甲班和乙班，课后测验、单元测验和期末测验，涉及的知识内容可能一样，但是具体的检测目标都应有所不同。

（3）总结学习的考评在检查学生对所学内容的掌握程度的同时，注重诊断学习中的问题，以便在后续的教学中加以补救。学习的情况以及存在的问题因校而异，甚至因人而异，因而宜由任课教师组织进行。

（4）总结学习的考评所检测的内容当然包括相关的知识与技能，但更重要的是学生在理解、掌握、运用知识与技能的过程中所表现出来的能力和对学习的情感态度，以及通过学习积累形成的观念。

（5）总结学习的考评并不是为了选拔学生，我们不应当利用考评的结果对学生进行排名。

从20世纪60年代开始，斯克里文[①]等一批教育研究人员就提出，不能只从管理的视角来考虑学生学习质量的问题。课堂教学是学校教育教学活动的最为重要的环节，应该基于搞好教学，或者说，基于促进学生的学习与发展来考虑教学质量的检测。所谓形成性评价的概念就这样提出来了。布卢姆（B. Bloom）对形成性评价的概念大为推崇，提出以掌握学习为目标来开展形成性评价。形成性考评或者说促进学习的考评就是从形成性评价概念发展过来的，强调的不是价值判断，而是对学习和发展过程的了解和诊断，指的是向学生和教师提供调整教与学的反馈信息而采取的所有活动[②]。随着认识的不断深入，人们把思考问题的视角完全转移到学生的学习之上，更加突出了学生的主体作用，强调了在学习进程中不断进行的自我回顾、检测和反思。它要求学生认识所要达到的目标，懂得自我检测，能够从检测中找到可供进一步学习的指导性信息，也即要求学生学会考评。

按照英国考评改革小组的定义[③]，促进学习的考评所指的是学习者和他们的教师为了确定学生的现有水平（where the learners are in their learning）、目标水平（where they need to go）以及目标实现的路径（how best to get there）而收集和解释证据的过程。促进学习的考评不再单一指向学生所学的知识和技能，而是强调要检查学生

---

① Scriven, M. The methodology of evaluation. In R. W. Tyler, R. M. Gagné, & M. Scriven (Eds.), *Perspectives of curriculum evaluation*, Chicago, IL: Rand McNally, 1967.

② Harrison, C. & Swaffield, S. Formative Assessment in Action, In Richardson, C. (Ed.) *Whither Assessment?* London: Qualifications and Curriculum Authority, pp.123–132, 2003.

③ Assessment Reform Group. *Assessment for Learning: 10 Principles.* Cambridge: University of Cambridge, 2002.

在学习过程中的表现，特别是对学习的兴趣、意向和态度，他们投入学习的方式方法，元认知水平，以及透过学习过程所反映出来的与知识学习直接相关的情感、态度和价值观念上的转变。促进学习的考评强调多样化的手段，考评所依据的不仅是量化的数据，还包括各种质性的资料，如成长记录、作业练习、教师的观察和谈话等等。促进学习的考评认为，一般没有必要给学生评定等级或打分，而是以口头或书面描述的方式向学生提供反馈，着重说明学生的优势、存在的问题和努力方向。通过考评，教师本身也了解教学存在的问题并加以矫正。考评的形成性是促进学习的考评的最大特点，它要求考评存在于整个课程教学的过程中，在这一意义上，促进学习的考评有时也称为形成性考评。促进学习的考评具有以下特征①：

（1）将考评嵌入教与学的过程中，是教与学过程的必要部分；

（2）要求学生参与决定学习目标；

（3）目的是帮助学习者理解和认识自己所达到的程度；

（4）要求学生进行自我考评和同伴互评；

（5）提供可以引导学生认识下一步应采取的步骤以及如何实施这些步骤的反馈信息；

（6）坚信所有的学生都能做出改进；

（7）要求教师和学生共同回顾和反思考评数据。

考评概念的第三个方面是融入学习的考评。这完全是从学习的视角出发去审视学生的学习质量。它从建构主义的学习观出

---

① Assessment Reform Group. *Assessment for Learning*: *Beyond the Black Box*. Cambridge: University of Cambridge, 1999.

发，认为学习是外来信息与学习者原来储存的信息能动地相互作用的过程。学习者既需要通过与外来信息的互动进行新知识的建构，也需要通过考评进行反思和检讨以确认建构的过程和新知识的合理性。考评和学习构成一个统一体，是一个完整的过程。这一概念也是在对元认知的认识基础上建立起来的。通过考评对学习过程进行反思和检讨显然也是元认知规范的过程。一般认为，元认知包括知识和调节两大部分。元认知知识包括：对学习者本身的知识以及影响学习者表现的因素的知识；有关学习策略的知识；有关在什么时候使用某种策略以及使用的原因的知识。元认知调节包括计划、调节和评价三个过程。元认知计划指设定目标并激活相关的背景知识的过程，元认知调节指控制和自我检验的过程，元认知评价指对成果以及生产成果的规范过程进行鉴定的过程[①]。基于这样的立场，融入学习的考评完全聚焦于学生的学习上，强调考评作为一种元认知要素并不外在于学习，而是学习的一个组成部分，应融入学习之中。从这样的认识出发，融入学习的考评要求学生对学习的目标有所认识并能够对自己在学习中的表现进行批评，认为考评包含在从目标的制定、实施到结果反馈的整个学习过程之中，体现了学生的学习主体地位和学习责任。

融入学习的考评实际上是从更微观具体的角度来界定考评的地位和功能。考评的目的在于实现对学习的自我调节，从而实现学习过程的优化。考评融入学习之中，成为学习过程的组成部

① Brown, A. L. Metacognition, Executive Control, Self-Regulation, and Other More Mysterious Mechanisms, In Weinert, F. E. & Kluwe, R. H. (Eds.), *Metacognition, Motivation, and Understanding*. Hillsdale, NJ: Erlbaum, 1987.

分，因而学习的每一个细节都包含考评活动。学生是进行考评活动的最主要的主体。考评的主要内容包括学生对学习任务和目标的知觉、对学习过程的合理性的检验、对学习成果的合理性的鉴定。考评是全程式的、反思式的，在有意或无意之中进行的。考评的结果立刻反馈到学习的过程，对进一步的学习产生的直接影响。

（四）

要总结学习的效果，需要对学习进行考评。但是总结学习效果本身不是目的，考评的目的是学生的学习和发展。为此，我们不仅需要了解学生学习的效果，也需要对学习过程进行诊断，需要从一体化的角度来思考如何把考评融入学习的过程中。这就需要从三个不同的视角来思考考评的目标、方式和策略，这样我们就看到了考评的三种不同方式，以及它们在教与学过程中发挥不同的作用。

总结学习的考评的主要目的是了解学习所达到的水平，通常都是在学习进行了一个阶段（一个单元、一个学期）之后，由教师作为考评的主体，根据教学的内容拟定一些问题，让学生回答或进行操作或表演。这种考评一般采取大家所熟悉的单元测验或阶段考试的形式（包括表现式的测验）。教师负责评定测验的成绩，向家长和学生报告并做出相应的解释和分析。对学生学习中存在问题的诊断是比较粗略的，如多少名学生对哪些部分的知识还掌握得不好，需要进一步加深理解，等等。总结学习的考评从观念上看似乎比较旧，但这一点也没有减弱它的重要性。相反，学生、家长、教师、学校和教育行政部门都需要通过总结学习的考评了解和监控教学的实际质量，这是学校中最为基本的考评方式。

促进学习的考评的主要目的是了解学生学习过程中的情况，不仅包括达到的水平，还包括学习的欲望和动力，以什么态度、什么方式投入学习，以及学生在学习中遇到什么困难和问题，如何解决问题，等等。促进学习的考评也关注学习的成果，主要是一些难以通过终结性考评来检测，只能通过学习过程的表现来观察的成果，如学习与思维的方式方法。它关注与学习紧密相关而难以通过终结性考评衡量的智能发展，包括解决现实科学问题的能力、创造能力等等，还有就是一些高层次学习目标，如正确的科学观念等。这类考评方法多样，如课后的作业练习，结合真实性、操作性、活动性的任务或项目学习进行考评，非正式的测验，表现式的检测活动，成长记录，以及课上、课后的讨论交流，等等。这类考评所收集的主要是质性的资料。因为只有通过师生双方的互动才能真正了解学习的情况、找到问题的症结以及解决的方法，所以教师和学生双方都是考评的主体。不过总的说来，教师通常都处于主导的地位，从教师的角度尽力了解学生在学习之前的基础和存在的问题，发现教学过程中的问题，采取不同的方法帮助学生。

融入学习的考评是和学习的过程一起进行的，学生既然是学习的主体，自然也就是考评的主体。主要采用反思的形式，边学边反思。为此，学生需要知道学习这些知识和技能的目的是什么，知道应该如何学习，什么样的策略才是最有效的；明白自己是否真正理解了，是否达成了学习目标，应依据什么准则来进一步改进学习。[1] 总而言之，学生不仅要学懂知识，学会学习，也要学会反思式的考评。融入学习的考评离不开教师的帮助，提倡学生在考评中的主体地位并非要削弱教师的作用，相反是拓展了教师的作用。教师不仅要教学生知识，更重要的是要培养学生具有自主学习的能力，即要帮助学生学会把学习技能、态度、安排、自我调节、元认知掌控等要素组合成为一个有机的整体加以运用。学生进行自我考评的能力只有通过潜移默化，通过模仿和反复的实践才能获得。为此，教师在日常的教学中要作为一个榜样向学生展示如何进行自我考评，指导学生设定学习的目标并调节学习的过程，与学生一起构建实践的准则，向学生提供调节和反思的机会，了解学生的学习过程和元认知过程并及时向学生提供反馈意见。

我们只有把考评的三个方面整合在一起加以考虑和实践，才能全面认识把握考评的概念，全面考评学习的质量。只强调任何一个方面都可能造成对学习的片面认识，造成不利于学生发展的影响。这也是翻译这套丛书的主要目的。

最后说明书名翻译的问题。三本书的英文正书名分别为 *Assessment of Learning*、*Assessment for Learning* 和 *Assessment as Learning*，直译为《针对学习的考评》《为了学习的考评》和《作为学习的考评》，但是这样一来，三个标题的结构逻辑关系不一样，第一个涉及的是考评的对象，第二个涉及的是考评的功能，第三个涉及的是考评的本质，放在一起显得不顺畅。因此我们依据书中

---

① Schraw, G. Promoting General Metacognitive Awareness. *Instructional Science*, *26*: 113–125, 1998.

强调的各类考评分别具有的最主要功能——总结学习、促进学习、融入学习，以此作为书的译名，*Assessment of Learning* 一书的正书名定为《总结学习的考评》，*Assessment for Learning* 一书的正书名定为《促进学习的考评》，*Assessment as Learning* 一书的正书名定为《融入学习的考评》。这并不是说某种考评只有一种功能，而是在书名上只突出强调其最主要的功能，追求逻辑的一致和文字的工整。

高凌飚

2019 年 12 月 18 日

目　录

鸣谢

撰写本书的第一版对我来说是一次重要的学习经历。我一方面考察研究课堂考评的潜力，一方面不断地澄清自己的思想，把我的想法提出来，以待来自同事、顾问、我的学生以及他们的学生的建设性批评。有许多人和我一起思考。

首先要感谢世界各地的教师、学生和同行，他们挑战我的思想，激发了我对课堂考评的热情。他们给了我许多生动的事例说明课堂考评会是什么样的，也显示出真正发挥课堂考评的作用有多困难。课堂考评确实重要，大家都很在乎，我也因此继续展开这一领域的工作和研究。其次我还要感谢那些不断对课堂考评的力量进行检验和描述的研究人员。你们让教育工作者认识到他们需要不断奋斗，促使学习真正成为学校存在的理由。

我定期与国际学校效能与改革评议会（The International Congress of School Effectiveness and School Improvement）以及国际考评组织（The Invitational International Assessment Group）会面，从而可以经常向国际上的同事们学习。参与工作的学者、政策制定者和其他人让我保持脚踏实地，不断提醒我注意生活当中存在的许多政治和社会问题，这些问题无处不在，而且是不断变化的。

最后，要感谢我的家人和朋友——你们和我一起共享对考评的激情并提出自己的困惑——你们是我的定心丸和主心骨。我爱你们。

第一章　课堂考评的前景与挑战

我写这本书第一版之前已经在加拿大安大略（Ontario）的一些学区和学校与教师和行政管理人员一起工作了近 30 年，我是他们的同事和诤友，也是一名研究人员。我的工作让我有机会走进学校课堂和教师办公室，参加阅卷会议和学生主导的会议，参加专业发展会议和教师的小组讨论。我有幸到过许多国家的学校并深入课堂之中。我在多伦多大学的安大略教育学院从事学术工作，也曾在加拿大安大略省以及英格兰和新西兰的政府里工作或服务过。不管在哪，我一直在研究课堂考评的方式和手段，试图理解课堂考评如何发挥作用，以及它在教学与学习中的价值与地位。每一次的经历都强化了我的信念：课堂考评如果做得好，就是所有学生实现高水平学习的非常强大的工具。我也认识到正确地理解和实施课堂考评是多么重要，多么艰辛。

教育的世界变了

自 2003 年本书第一版出版以来，教育的世界发生了很大变化，理解课堂考评的力量并用以实现教育的最高目的——所有学生的学习，对任何地方的教育工作者都显得更加重要。

考评并不是教育发生变化的唯一领域。对大多数的学校和教师来说，过去几十年的教育改革犹如坐过山车。发生在社会上的更广泛变化（经济的、文化的和政治的）都在学校里有所反映，人们还期待学校跟上甚至引领这些似乎没完没了的变化。教育是大多数政府改革议程的中心，重点在于课程、标准、职责、质量、公平和其他一些有争议的领域。特别是在全球范围内都进行了基于标准的教育改革。

教师和教育管理人员常被夹在各种相互矛盾和冲突的要求之中，努力保持平衡。人们指望他们在动荡不安和变化无常之中弄清楚如何组织学校，谁来运作学校，应该教授什么，如何教学，以及考评应该如何进行。与此同时，人们又期待他们对人类学习和有效办学的理解与时俱进，继续发挥其专业影响力。前景虽然严峻，但其可能性是令人鼓舞的。

随着所有变化的发生，考评变得异常复杂，特别是因为考评的方式及其目的多种多样。本书重点关注课堂考评，即随处可见的每天都发生在教室里的考评。当然，教育中还有其他类型的考评（其中有些在第二章中讨论），但本书的重点放在教师和学生身上，他们在做什么，能做什么，他们如何看待，以及如何令他们将日常课堂考评视为学习不可分割的一部分。

所谓“课堂考评”不是成分单一的活动。它包含了考评目的、方式和受众。威尔逊（Wilson, 1996）关于考评目的的观点依然有效。他认为，课堂考评必须满足许多目标：提供反馈给学生，提供诊断信息给教师利用，提供总结性的信息作为记录保存下来，提供证据用以作出报告，为课程和教学的改进提供导向建议。这些目的相互依存，一些内在的张力使得课堂考评过程中的矛盾不可避免。教师和管理人员所面临的挑战是：如何以有意义的方式厘清这些矛盾之中蕴含的问题，承认考评过程的复杂性并制定相应的计划。

课堂考评的力量

为什么要聚焦课堂考评？很简单，因为它具有令人难以置信的潜力，能够改变教学和学习。研究反复表明，如果以学习作为目标，考评的促进作用非常强大。

最近对4000多篇调查研究的回顾清楚地显示，在课堂上如果（形成性考评）用得好，基本上能够将学生学习的效率提高一倍……很显然，这个过程在起作用，它可以极大地提高学生的学业成绩，而且它足够强大，不同的教师能够以不同的方式加以应用，他们的学生照样可以取得很大的成效。（Popham, 2011: 2）

很显然，从这批研究中可以清楚地看出，如果形成性考评做得好，就非常强大有力。但是研究者也一再发现，在大多数的课堂中，这样的考评并不可见，或是只流于表面（James & Pedder, 2006; Popham, 2011）。在这个版本中，我试图强调精心策划考评任务和方法对促进学生学习的重要性，揭示之所以将这种考评融入课堂实践如此困难的原因。

为什么编写第二版？

本书的主题是课堂考评——书中的理念来自我的思考、观察以及与学生和教师的对话，来自对最新研究证据的阅读，来自与世界各地受困于同样问题的研究同行们的讨论。本书的前提是关于学校教育的本质和目的的信念和假设，以及我所逐渐认同的教学和考评在学习过程中的作用。主要的和最引人注目的假设就是考评可以而且应该超越在学习结束时的学习检测。考评是学习过程的一个组成部分，这一点经常被忽略。从历史上看，教育考评在很大程度上是

"总结学习的考评"，旨在鉴定或判断学生的学业成就。有时，它是"促进学习的考评"，旨在提供反馈回路以确保学生获得线索回顾自己的学习并加以改进。然而，"融入学习的考评"走得更深更远，它基于学习过程中个体对自身的想法的监控和质疑，以及学生和教师在促进这种自我调节过程中的作用。在 2003 年的第一版中，我这样介绍"融入学习的考评"的主张：

通过强调学生的作用来强化形成性考评的作用，所强调的在于学生不仅是考评和学习过程的信息提供者，而且更是考评信息与学习信息这两者之间的关键连接者。学生就是连接者。学生作为活跃而忙碌的批判性考评者能够理解信息，联系原有的知识，掌握相关的技能。这就是元认知的调控过程。此时学生对自身学习的内容进行监控，依据监控得来的反馈做出调节、适应，甚至对自己的理解做出重大的改变。融入学习的考评就是终极目标，学生就是自己最好的考评者。（Earl, 2003: 47）

然而，我一直受到困扰，遇到了其他研究人员也会遇到的类似情况。人们似乎没有明白它的意思。甚至在这本书被用作新教师的培训教材时，形成性考评也只是被解释为在整个教学过程中用于跟踪学生进步的常规考查，或者当成诸如"脱手牌"或"交通信号灯"之类的教学技巧，没有涉及运用考评来鉴别错误理解和错误概念，也没有引导学生反思自己的学习。赞同"促进学习的考评"理念的教师使用了许多与"促进学习的考评"相关的技巧，包括同伴考评和自我考评，但它们大多被当作一种微型考评，作为终结性考评的练习或课堂管理工具。我在世界各地的小学和中学一再见到这种模式。

新版的《融入学习的考评》一书源自我的惶恐：认识考评优

化学习的潜力是个挑战。我的目的仍然是一样的，要为学校领导和教师们提供真实的案例以说明如何运用考评达到促进学生学习的目的，他们对于课堂考评在日常工作中的作用存在其他的观点和信念，因而受困于并试图解决由此产生的思想冲突。许多例子是原汁原味的。我尝试通过评议使这些案例的过程更加清晰，并明确指出，要使这些案例中的考评过程成为强有力的学习催化剂，必须解决哪些冲突。

“融入学习的考评”并不是换汤不换药的表面变化。它是对教学和考评以及它们之间的关系认识上的一个根本转变。我希望这本书的观点有助于引发对话，据以深入了解考评在学习中可以发挥的作用，深入了解教师需要掌握什么和做什么，才能承担起运用考评来优化学生学习的挑战性任务。

要让课堂考评服务于学习，应对这种变化和挑战所要求的不仅仅是实践上的修修补补。这意味着教师和行政管理人员都不得不重新思考他们对这些问题的深层信念，如“学校是做什么的？”“学校为谁服务？”以及“在创建符合要求的学校过程中，我们的专业作用是什么？”

澳大利亚的研究者赫德利·比亚（Beare, 2001），从教育和社会的总体视角出发，确定未来的类别如下：

- 可能的未来（*possible futures*）——事情可能发生，虽然有不少是不太可能。
- 可期的未来（*probable futures*）——事情很可能会发生，除非发生某些扭转事件。
- 乐见的未来（*preferred futures*）——希望发生的和 / 或打算促成的事情。

他还为各地的教育者提出了一个挑战性的可能性：如何通过深思熟虑的行动使得年轻人、教师同人、学校和社会有最大的机会去实现乐见的未来。每个人都需要花时间来确认自己的信念：教育为了什么？考评应该发挥什么作用？不是因为有人告知我们或是出于规定，而是因为我们相信这是正确的和公正的。一旦我们有了自己乐见的未来愿景，它就有可能实现。实现乐见的未来可能会有困难，我们可能需要改变，需要学习，需要生活在不和谐之中，需要坚持我们的信念。但乐见的未来最终是可实现的。

我乐见的未来是这样一个世界。在这个世界里，年轻人不仅在众多的领域里具有能力和信心，而且拥有适应知识不断更新的工具，有明智地发挥自己作用的意向，以及在一个节奏快和不可预知的世界里应有的修养。我也有与乐见的未来相匹配的考评设想。在多年以前的一本关于课堂考评的书中，我这样描述：

我能够设想在不太遥远的将来会有一天，考评和评价不再伴随着阴影和恐惧；不再与教和学分离；不再被用来惩罚或禁止进入重要的学习；不再被视为隐蔽的、神秘的仪式。相反，考评和教 / 学是互利的，相互促进共同提高。考评揭示的将不仅是学生所知道和理解的，同时也将点明新的学习应如何去实现，以一系列高质量和多样化的工作展示每个学生思维的深度、广度和成长。这么丰富的信息将被用来激发进一步的学和有针对性的教。（Earl & Cousins, 1995: 57）

我乐见的未来依然如故。我还是乐观，但也很清楚，实现乐见的未来要比我当初想象的困难得多。在本书的其余部分，我将提供想法、建议和设想来说明实现乐见未来的可能。

本书分为 11 章。本章构建了思考有关学习与考评的新观点的框架，即把学习和考评联系起来融入同一过程中。第二章涉及的是考评的简史，大规模改革的进程和相互关系，以及教师如何实施课堂考评。第三章介绍“总结学习的考评”“促进学习的考评”“融入学习的考评”的案例，以现实的案例为改变学校中这三种考评之间现有的平衡关系奠定基础。第四章先从学习的视角出发讨论考评目的，然后讨论作为学校基本任务的学习。第五章详细介绍学习和考评之间存在的联系。

接下来的五章回顾我们对学习的认识，探讨考评如何才能有助于学生更深入和更好地学习。第六章论述运用考评找出学生的前概念和错误概念。第七章的重点是考评在激发学生动机方面的作用。第八章和第九章进入讨论的核心——考评如何促进和扩展学习？第十章阐述反思和自我考评在学习中的重要作用。

最后在第十一章，我将试图指出一些融入学习的考评将对教师提出的具体要求，看看教师在运用考评来促使所有学生的学习达到最优时，应该考虑些什么。

“融入学习的考评”基于一组说起来容易但做起来很难的假设和信念。透过本书的论述，我的假设和观点将越发清晰。我将这些假设置于方框之中加以强调。我也尝试提供原理和例证说明选择这一路线是实施我所相信的、对所有的人来说都是好的学校教育的必由之路。为此，我试图阐明一些教师体会到的考评困境，对这些矛盾背后的复杂性提出一些见解，并为课堂教学提出了一些可供考虑的建议。

> 假设：在21世纪，每个人都必须学习。学校教育的首要目的就是优化所有学生的学习。

在阅读我的假设的同时，请思考你个人的假设，思考一下你的信念对作为一名教师的工作方式是如何起作用的。本书的案例来自我和同事的经验，还有职前教师以及和我一起工作的研究生的经验。这些案例各不相同。这些案例表明，使考评有助于学生学习是一项挑战性的工作，但也充满可能性，既令人信服又令人兴奋。我希望你也这么想。下面是第一个例子。

数学教师的案例

我有幸与一个很棒的年轻初中数学教师一起工作过几年，她来我这里是因为她想了解更多关于考评的情况。我们的交往过程让我深深地体会到，想改变基于个人毕生经验的根深蒂固的信念何其困难。有一次她带着对自己角色的新认识来找我。“我知道怎么教微积分，”她说，“我只是不知道他们不懂的时候我该怎么做。”在学校干了一段时间之后，她在数学所提供的智力挑战中获得成功，也为此而高兴，突然她认识到：自己的经验与学生的经验不一样，她不知道为什么对她而言一目了然的微积分对学生而言并不显然，他们遭遇了什么困难。帮助学生学习意味着弄清有关的概念、错误概念、技能和构成“理解微积分”的相应关系，这样她就能够帮助学生展开自己的学习。

在修了作为研究生课程的几门关于课堂考评的课，参加了一系列专题研讨和会议之后，这位教师读到了本书的手稿。她有了另一种感想。“许多人都在谈论理念，如要把考评与学习联系起来，提供反馈，鼓励学生说出自己的想法，但是，你知道吗？我不理解。我不停地对自己说‘要那样做’，而且我确实做了，但不是出于同样的原因。到头来，我仍然关注依据那些信息可以给他们打多少分。他们的学习被放在了次要的位置。”

总而言之，她的这些感悟不仅是思想上的重大变化，导致她在实践上的一些重要改变，甚至导致她对学科基础的认识发生变化，还表明要做出这些改变是多么微妙和具有挑战性。言语而非观念上的改变看似如此简单平常，然而这连开头都不算。

本书的使用

我没有提供实施课堂考评策略的详细指南。相反，我尝试提供：

- 理解围绕课堂考评所产生的认识混乱和不适感背后的原因，详细介绍学校教育角色转变的方式，以及我们对学习本质的日益增长的知识如何使课堂考评变得更加复杂；
- 深入认识课堂考评对学生学习可能产生的强大影响；
- 在多种情境中有效地利用考评作为学习机制的案例，其中许多案例是从我在工作中认识的教师提供的真实例子中选出的。

教师和学校领导可以用这本书作为讨论的主题：如果考评被认为是学习的一部分并被作为一种刺激来决定如何改变他们的行为时，这意味着什么。但是只改变实践是不够的。讨论和反思的另一个重要内容应该是信念——关于学校教育的功能和教育者在学校中的作用的信念。为什么？因为《融入学习的考评》涉及对学校功能的认识转向，涉及将重心从甄别学生转向促进学生的学习，这对一些长期存在且根深蒂固的信念进行了挑战，比如学校的目标是什么，以及为什么教师应该收集学生如何思维和学习的信息这样的问题。不加讨论地转变日常实践中的做法难以产生大的影响。

进一步思考

当教育工作者们一起阅读和思考《融入学习的考评》时，为了提供对话和分享的起点，我在每章的末尾提出了一些可能有用的问题供进一步探讨。第一章的思考问题如下：

1. 你是否对目前采用的课堂考评方式感到满意？你对自己的做法有什么疑问？

2. 你乐见的教育和考评的未来是什么？鉴于现状，可期的未来又是什么？

第二章　考评的变革

毫无疑问，教育与社会生活的许多方面都正处于重大转型时期，产生了有关世界各地的教育改革议程的各种不同观点。了解考评是如何变化的方法之一，是将其置于同时代的社会、经济和政治环境之中，并考虑到教育的其他变化。本章简要回顾考评的历史，以及考评与各个时期更重大的教育改革议题的关联，并一瞥我所乐见的考评前景。

考评简史

对学习的正式的和非正式的考评已经存在许多世纪，从早期为选拔高级官员而举办的中国科举考试，到亚里士多德的学生的公众演讲，再到手工业行会的实践性的入职考试。然而正如我们所知，直到 19 世纪末 20 世纪初工业化和学校教育的普及，学校才成为重要的社会机构，学生成绩的评价才成为学校教育的一个方面。许多世纪以来，社会上的年轻人学习传统的劳作，上学对他们来说是一种奢望。随着工业革命的进展，人们从农村迁移到城市，大量的新居民从不同的地区和文化中迁移进来。城区的机构膨胀，同时需要接纳和教育大量社会结构和经济基础各不相同的年轻人。以培养阅读、写作和算术的基本技能为目标的普及教育理念由此诞生。

在 20 世纪的大部分时间甚至当下，工厂支配着经济，以工厂为模式开办的学校与它们周围的世界非常一致。幼儿园规格的原料以班为单位放置到“工厂”的第一个工作台，依次通过装配线上的“站”(年级)。他们在每一站所经历的时间量是固定的（一学年)。如果在规定的时间内他们没有被“加工好”，就会被“分流”或“转轨”到其他部门。关于学校的这一比喻在很大程度上与时代契合。这种做法对大多数人来说是合适的，社会因此一直是满意的。许多学生在年龄很小的时候就离开学校去打工，但这并不被视为问题，而且那些离开学校的学生也不被称为“辍学”。像工厂、矿山、务农、捕鱼等供大多数年轻人就业的合法岗位并不需要太多的学校教育。以课堂测验和期末考试的形式举行的考评，是学生继续就学和升级所必须迈过的门槛。基础以上的教育是一种稀缺资源，只对少数人才是必需的。

并不是每个人都认为学校应当是服务经济需求的组织。杜威早在1916年就雄辩地阐明，教育应为所有学生服务，应保障社会以民主的、合群和道德的方式继续发展。然而，学校教育主要模仿了工业生产的模式，教师是质量控制者，决定哪些学生可以继续升级就读。

中产阶级的崛起和20世纪中叶的一项公平议题打破了原有的社会秩序，许多群体开始要求社会公平。学校成为社会流动性的关键，而且，要求基于表现而不是社会地位来决定升学与否的压力相当大。成绩的考评成为获得升学权利的基础，依据测试和考试，以满足主流社会所期望的方式对学生进行排序，被认为是公平的做法。筛选成了学校的重要功能（Stiggins, 2001)。

尽管教师们经常参与测试的过程，但是要求教师的主观判断不对测试产生偏差的压力相当大。人们对社会科学尤其是心理测试（Lemann, 1999）普遍持乐观态度。不要忘了，美国陆军甲种测试[1]曾在第一次世界大战中非常成功地帮助军方选拔了军官(Popham, 2002)，在其影响之下一系列心理测量工具被开发了出来。是时候在学校中用一套高效的机制甄别和分类学生，基于对学生未来成功可能性的预测，将学生放到合适的位置上了。

许多国家把重点转移到以貌似科学、客观的方法衡量学生的成就。有时考试还成为录取学生进入不同档次的中学和大学的仲裁者。英国建立了“11＋考试”（Eleven Plus examinations)，年轻人终身的社会命运在11岁的时候就被确定下来。如果考得好，他们就去文法学校。否则只能待在当地的综合学校。英国大学入学考试从所谓的“法庭朋友（friends at the court)”[2]制度改为A–level考试（A–level全称General Certificate of Education Advanced Level，是英国的普通中等教育高等水平证书，通过分科考试获得)。在加拿大，以省级的结业考试来决定能否进入大学。法国文凭考试也一样。美国以相同的理由开发了SAT考试（Scholastic Assessment Test，学业能力评估考试)。正如尼古拉斯·利曼（Lemann, 1999）所说，美国教育考试服务中心（Educational Testing Service）的第一任总裁亨利·昌西曾打算

以一群从各个地区和各种背景中筛选出来的聪明的、受过精心训练的、热心公益的新人取代原有的、不民主的美国社会的上层精

---

① 美国陆军在第一次世界大战期间开发了两种用于检测陆军军官是否具备某些必要的个人能力和个性测试，甲种测试（Army Alpha）检测的主要是词语能力、数字能力和方向分辨能力；乙种测试（Army Beta）是非文字形式，主要用于检测没文化的、没进过学校或不会说英语的应征者或志愿者的态度。——译者注

② 原意指与某一案件无牵连的人员到法庭为案件提供资讯，为法庭定案提供帮助。这里指在大学入学公开考试制度建立之前所采用的推荐加面试答辩形式的入学考试。——译者注

英。（Lemann, 1999: 5）

转变的方法是对每个人进行一系列多项选择题测试，并根据分数决定每个人在社会中应当担当的角色。SAT 考试诞生了。这些外部测试或考试是“看门人”行使权力的手段，至少也造成了客观测量的错觉。能否接受高等教育的重要决定都是在学校和课堂之外，用所谓科学地研发出来的工具做出的。

课堂考评并没有消失。它继续与外部测试或考试一起运行。然而，毫不奇怪，考试所固有的控制力下渗并影响到那些急于为学生提供入学机会的人。学校考评迅速呈现出总结性的功能，不仅是为了将各人的成绩报告给父母、其他教师和学生自己，更是为了做出有关学生的去向和人生选择的决定。学生接受不同的课程，被分流到不同的轨道，朝着不同的目的地启航。学校的考评成为了就地把关者，它模拟外部考试的模式，强化了分类和选拔的需求。学校和教师通过不断地提出报告、实施奖惩和制定课程促成这一过程。

20 世纪 80 年代以来，在如何使用大规模考评的结果上发生了另一种戏剧性的转变。在普遍基于标准的政策背景中，大规模考评从关于学生的决策工具变成了让学校根据政策规定的标准对学生成绩负责的杠杆。考评结果已经成为了问责制的工具之一。这些政策使得考评结果不仅对学生，更重要的是对教师和学校领导来说都是“高利害”的。大规模测试结果的使用广度已经引起了大量关于大规模改革和测试的应用的争论（Berliner, 2006; Elmore, 2004; Firestone, Schorr, & Monfils, 2004; Fullan, 2009; Haney, Madaus, & Lyons, 1993; Linn, 2008; OECD, 2012; Popham, 2001, 2002; Simon, Ercikan, & Rousseau, 2012）。争论使得许多律师、政府官员、测试编制者和教育工作者受雇忙于辩护、计划、挑战和改变标准化考试。在全世界，新的国家级、省级、州级或地区级的考评体系陆续诞生。其中有一些夭折了，有一些存活了下来。有些已经被废除，其他已经被替换。数以千计的人参与了使大规模的考评走上正轨的工作。关于大规模考评的各种方法以及它们是否可行的书籍和文章量大如山。我不打算讨论关于基于标准的改革和大规模考评的争论。那样会是另一本书（有关国际上基于标准的改革和考评的方式的综述，参见 Volante, 2012）。然而我想指出的是，这种有时激烈而带有敌意的辩论仍在持续，这往往会妨碍我们讨论考评如何促进学生的学习。

虽然核心标准和（各种各类的）外部测试在政策环境中占了主导地位，但是人们重拾了对于日常课堂考评以及这种考评所具有的从根本上改变学生学习过程的潜力的兴趣。这不是一个新的对话，但是支持者的声音往往难以获得聆听。1971 年，布卢姆、黑斯廷斯和马道斯写了一本里程碑式的著作，《学生学习的形成性和总结性评价》(*Formative and Summative Evaluation of Student Learning*)(Bloom, Hastings, & Madaus, 1971)，书中描述了这样的教育观念：学校教育的首要目的是个人的发展。在他们看来，考评和评价是学习的一部分，任课教师在运用评价改进和扩展学生的学习方面有显著的作用。虽然他们的著作影响了一代教师和管理人员，但是他们的声音往往不敌另一种做法的影响力，即把测试作为社会控制和社会流动的机制。然而，新的一批研究人员继续努力了解形成性考评及其运作方式。克鲁克斯（Crooks, 1988）提出了强有力的研究性案例，表明课堂考评对学习有短期和长期的影响。从 20 世纪 80 年代中期到 20 世纪 90 年代末，一股持续的潮流主张考评是有教育价值的（Black, 1998; Popham, 2001; Shepard, 1989; Stiggins, 1991; Sutton, 1995; Wolf, Bixby, Glenn, & Gardner, 1991; Wiggins,

1993)。

考评改革小组(The Assessment Reform Group)成员布莱克和威廉1998年写的标志性文章《黑箱之内:通过课堂考评提高水平》(*Inside the Black Box*:*Raising Standards Through Classroom Assessment*)(Black & Wiliam, 1998)将考评作为可以增进学习的机制加以关注,成为一个里程碑。他们回顾了数百项研究,提出了一个观点,即由教师和学生在课堂上进行的课堂考评是提高教育成就非常有效的方法。考评改革小组于1999年对英格兰的情况做了如下描述:

旨在促进学习的、设计良好的考评是我们用以提高标准和增强终身学习能力的唯一最强有力的工具。(The Assessment Reform Group, 1999: 2)

考评改革小组把这种重点在于直接帮助学生学习的考评称为“促进学习的考评”:

通过寻找和解释证据,供学生和教师用以判断学生的学习进展情况、学习者需要达到的目标以及达成目标的最佳方式。(The Assessment Reform Group, 1999: 2)

在过去的十年中,他们和其他许多人一直关注教师在日常课堂教学中所做考评的重要性和价值,将其作为帮助学生学习的关键因素。关于课堂考评新形象的描述已经很多,教师们汇集到专业发展活动中学习考评学生的新方式。研究人员持续关注促进学

> 以设计良好的考评来激励学习是我们用以提高标准和增强终身学习能力的唯一最强有力的工具。
>
> 考评改革小组(The Assessment Reform Group, 1999)

习的考评或形成性考评，将其作为教育中的重大创新，并一直提供证据说明考评本身是教师可以用来促进学生学习、提高学生成绩的有力工具（Black, Harrison, Lee, Marshall, & Wiliam, 2003; James & Pedder, 2006; Marzano, 2006; Popham, 2011; Stiggins, 2001; Wiliam, 2011）。

决策者和实践工作者没有忽视不断加深的有关考评的力量的认识。在这本书的第一版中我就提出政策制定者应支持教师和学校领导进行的考评工作，以此促进学生的学习。从那时开始，全世界许多地方受到关于促进学习的考评的研究的影响，将这作为对学校的要求。英格兰在 2008 年引入了促进学习的考评策略（Assessment for Learning Strategy）。促进学习的考评是支撑新西兰课程的一个部分。加拿大几乎所有的省份和地区都做出政策指令和 / 或开发了资源，支持与促进学习的考评相关的专业发展。挪威出台了一个详尽的方案倡导促进学习的考评。这样的例子不胜枚举。

重视促进学习的考评这种情况非常鼓舞人心。我们振奋地看到各国政府承认教师在学校中所做考评的价值，并在政策上予以重视。遗憾的是，考评促进学习的前景并没有如我们中的一些人所期望的那样得以实现。近年来，我有幸应邀参加了多个以促进学习的考评为主题的国际研讨会。这个群体由来自澳大利亚、加拿大、欧洲大陆、新西兰、英国和美国的研究人员、决策者、专业培训者以及教育领导者组成，了解和推动学校中高质量的促进学习的考评需要上述各类人群的参与（Klenowski, 2007）。

这一群体反复提及的问题是：在大多数课堂中，促进学习的考评要么是表面化的，要么就不明显。为什么会是这样？几十年来已经有大量关于形成性考评明显地改变了学生学习的证据和案例，并且被采纳为政策指令，为什么它不是课堂教学的基本组成部分？

英格兰的“学会学习”项目组（The Learning How to Learn Project, James et al., 2007）向国际研讨会的参与者提供了主要的证据，推动了我们的研讨。“学会学习”项目组在工作中发现，参加在课堂中实施促进学习的考评项目的教师往往只关注形成性考评或如何激发学生自主性的“形式”，专注于表层的技术，而非对实践背后原理或“精神”的深刻理解。在“学会学习”项目组的研究中，只有大约 20% 的教师会以帮助学生成为学习者为目标来设计形成性考评（James & Pedder, 2006）。

在这个版本中，我回顾了 2003 年的理念，这些理念的重要性一如既往，但在这里我将透过教育变革来审视这些理念，特别是那些需要参与者转变观念的变革。

变革层面的错位

正如许多学者所描述的那样，教育变革所需要考虑的比大多数改革所要考虑的复杂得多，许多改革对实践几乎没有产生什么影响（Elmore, 2004; Fullan, 2000; Hargreaves, Earl, Moore, & Manning, 2001）。斯坦福大学的拉里 · 库班（Cuban, 1988）多年以前曾提出注意学校改革的一个基本难题。他指出，一个世纪以来关于学校改革的口号很多，可是学校教育的基础依然如故。他对这个悖论的解释是，改革者大都专注于第一层面的变革，即试图使既有的东西变得更加高效和有效，而只有极少数的改革专注第二层面的变革，即设计旨在改变学校的基本运作方式的变革。所出现的少量第二层面变革（例如，开放的空间、团队教学、灵活的时间安排），由于变革的增益小而损失大，很快受到教师和行政管理人员的抵制，他们要么通过调整使变革适应现行的运行体制，要么对改革不加理睬

(Cuban, 1988)。虽然如此，如果学校想按照年轻人的需要把他们培养成为有能力、有信心和有创意的学习者，为未来做准备，作为应对他们未来的复杂生活的起点，第二层面的变革是必要的。

为真正的变革而反思考评

本书旨在从根本上挑战考评现状从而改变考评。我写这个版本的时候更加确信，将考评用作学习的工具意味着第二层面的变革，这将影响到教师如何看待他们日常在课堂里的工作和行为，而不仅仅是在传授方式或教学资源上搞点改头换面的变化。这种变革是很难的。正如库班（Cuban, 1998）所告诫的那样，试图在第二层面实行变革可能引发一种无能为力和悲观的感觉。他还提醒我们，只能在教师认识到变革的价值之后，才可能发生根本性的变革，而且它要和学校外部存在的社会和政治体制变革同步。

前述有关考评的历史展示了一类长期以来的第一层面教育变革，即设计一套测试系统衡量学生表现，并使学校为之负责，从而向教育中引入质量控制。政府的政策常常会对学校提出相互冲突的要求。这不是政府的诉求，而是社会对学校教育目的存在分歧的一个相当真实的反映。教育中许多辩论（公开的和隐性的）都聚焦在学校教育目的这一问题上。一些法律的制定是基于学校作为一种社会控制手段其本身需要加以约束。针对学校的大规模考试、标准、制裁和激励是明显的例子。另一立法方向是以公平公正为口号，把学校当作最大限度地向所有人提供机会的机构。随着对问责越来越重视，也产生了一种要求提高所有学生学习的社会动力。在操控目标和奖励本质的同时，学校和学区都陷入了“为所有人的教育”和“教育作为把关者”这样相互矛盾的目的之中。教师和行政管理人员是实现这些相互矛盾的需求的工具人，且他们同时是这些相互冲突的信息的接受者和制造者。

在这样混乱和情绪化的考评环境中，把事情做对需要承担很大的风险。教育工作者发现自己处境困难。他们是转变过程的一个部分，既要卸下过去的负担，同时还要考虑未来的可能性。他们了解一贯以来的考评方式并曾大力维持它的稳定，但同时许多人也承认对以往的考评方式感觉不太好。是时候对考评进行反思了，反思学校里的考评，反思考评的不同目的，有意识地为不同的要求规划最合适的做法和方式。有什么比回归基本原则更好的方式能进一步弄清这个模糊的问题呢？我们的目的是什么？我们要实现什么？考评是为了什么？

目的就是一切

写本书第一版的时候，我深信在考评的各种目的之间存在着重要的界限。我和其他人论述课堂考评的多种目的，其中不少是相互矛盾的。在一本关于重整青少年教育的书中（Hargreaves, Earl, & Ryan, 1996），我们讨论了考评用于激励学生、诊断困难、毕业证书和公共责任等多种相互冲突的目的。保罗·布莱克（Black, 1998）指出了学校考评的三大目的——支持学习；为了证书、升学和转学而报告个人的成绩；满足公众问责的要求。他接着指出了不同目的间的矛盾，这涉及为每种考评目的确定最佳的考评机构、选择最适合的考评工具，以及对考评结果进行恰当的解读。促进学习的考评作为教育中新生的一股主要力量，挑战性地要求教师和学校领导对课堂考评的各种目的进行区分。不同的目的需要采取完全不同的考评方式，将各种目的混合在一起很可能什么目的都不能达到。我们必须首先确定考评目的，然后设计与之匹配的考评程序，这点要求越来越清楚（Gipps, 1994）。

> 将一种考评方式用于多种目的就像做什么事，从做脑外科手术到打桩，都用同一把锤子。
>
> 沃尔特·哈尼
>
> （Haney, 1991）

我们中间有许多人、决策者、研究者和教育领导，都有一个天真的信念：只要教师看到了这些差异并理解了其中的价值，他们就会高兴和轻松地调整教学和考评的习惯做法，用不同的方式达到不同的目的。然而，如同学习和教学一样，考评的构成并不单一。它是复合的和动态的，需要对其内在的复杂成分加以区分和理解。教育工作者需要考虑各种考评目的，选择他们认为重要的目的并决定他们每天在课堂中实现目的的方式。

好消息是长期以来，还有许多教育工作者、科研人员乃至政策制定者一直在思考、写作和谈论这些想法。有力的声音不断出现，带来了学校考评的替代观点——将考评目的置于首位，将重点从为了问责的大规模考评转向为了教与学的课堂考评。不过，正在提倡的做法仍然更多是例外而不属于常规情况，在许多教育体系中都没有得到鼓励或支持。但真正的革命种子已经播下，革命的思想正成长开花。这场考评革命不是发生在权力的殿堂，虽然一些国家的政府也做了一些事情以协助其发展，扩大它的影响。相反，它发生在学校，特别是在课堂，在学生和教师一起工作的时候。各路倡议者所展望的这种转变，有赖于教师和其他人重新思考考评和教学产生的原因和历史。

洛丽·谢泼德（Shepard, 2000）在向美国教育研究协会（American Educational Research Association）所做的任职演说中表示，她担心外部问责测试可能会导致教师的非技术化和非专业化，并将告诉学生和教师，学校应该对外部规定的奖励和惩罚而不是思想上的奋发

> 假设：学校有责任培养所有学生为适应未来的世界做好准备；教师有足够的办法来引导所有学生进行高水平的学习；并且，考评首先是学生学习的一部分。

负责。我同意她的观点。然而我还担心，如果不改变考评的目的或方式，不将考评视为学习不可或缺的一部分，只是将考评的权力交回给教师，会导致教师用有问题的方法评断学生的传统再度强化。只是将考评交还教师控制这本身并不是一项积极的变革。返回到虚构的“黄金时代”不可能推进改革。以深刻和持续的方式影响学生学习的考评革命比考评本身更重要。这是一场学习的革命。促进学习的考评关系到这场变革的最高目的：所有学生都进行深层和真正的学习。将学校视为学习机构的这一愿景要求对教育的基本设定做出巨大的变革，要求对学校、学校教育、教师、教学，特别是考评有一个不同的观念。

这种看似简单的转变要求学校中教与学的方式发生根本性的转变。因此，改变课堂考评是这场革命的一部分——这是对所有课堂实践的革命。这是一个很高的要求，但并非不能实现。教育的变革是一场需要小心谨慎地摸索前进的过程，日复一日，在许多不同的地方以不可预知的方式产生微小的变化。我们已经采取了许多这样的第一步，做了许多微小的改变。我们正沿着一条渐进的道路推进革命。随着时间的推移，教师、家长和学生可以改变学校里考评的性质，从评判和筛选的文化转变为促进所有人学习的文化。

课堂考评与大规模改革

教育问题在许多立法议程中处于瞩目的位置，许多国家政府已经着手旨在改变整个系统的大规模改革议程。正如迈克尔·富兰（Fullan, 2000）所描述的那样，“大规模改革强势回归”，令人惊奇的是世界各地的改革如出一辙。不同的国家有其独特的历史和背景，但大多数国家所制定的政策都包括了以下方面：让各所学校承担更多的责任，减少地区校董会或当地教育行政部门的权力；赋予家长更多的权力和责任；改变课程并集中化管理；出台学生学习的标准或预期，以及统一的考评方案。

政府授权进行的改革一般都聚焦于第一层面的变化，旨在通过外部的质量控制，以大规模考评的成绩作为衡量成功的最终标准来给学校施加压力。很多时候，教育工作者谴责和抵制变革，或以表面的服从来满足他们的上级。在我看来，这样的过程会将我们从事的工作引入歧途。虽然如此，当下的大规模改革浪潮蕴含更大的价值，通过教育工作者的耕耘有可能将它转化为第二层面的变革，特别是考虑到改革将学生的学习（而不仅仅是考试成绩）视为最重要的成果，并在结构改革中引进更具影响力的教学和学习方法（包括促进学习的考评）。在第一版中，我建议政府提供一个对课堂考评的清晰认识，包括对教学和学习的关注，以及帮助教师在这样的情境中反思他们的考评实践，以此促进考评实践的转变。在许多地方，课堂考评和促进学习的考评已经成为政策的亮点之一。

即使改革用心良苦，大规模改革中所蕴含的机会通常很难被看到。当教师感到他们的名誉受损，价值被贬，行为受审视的时候，要想心平气和地考虑改革就很难。每项政策的预期成效都伴随着意想不到的阴影，而且由这种阴影造成的反面形象有时候比政策的初始形象更加惹人注目。既然如此，教师和行政管理人员就应该主动采取行动，而不是被动应付，将教育改革的进程转向他们所相信的真正有利于学生的方向。

接受挑战

在目前的氛围下，教育工作者被摆在了特殊的位置上，促使他们对课堂中考评的目的和过程做出根本性的变革，但这不会是一条平坦的路。多种强大的力量朝向不同的方向运行。大规模的改革，包括开发国家或州的标准和课程以及相应的测试系统，进一步加强了集中控制。而教师的道德目标并非虚饰。大多数教师为了改变学生的人生而进入这一职业，他们通常关心如何更好地为学生服务。当学生的处境不利时，许多教师愿意考虑新的方法。这时公众仍然游移不决，甚至可能并不知情。公众需要新的方式，用以替代长期沿用的方式。

> 复杂性令人厌烦，但它是真实的。

虽然面临的挑战是巨大的，但当今不是一个惰性的时代。我最喜欢的卡通人物之一波戈（Pogo）曾经说过，“我们似乎面临着不可逾越的机遇”。教师和行政管理人员可以运用考评作为增进学习的令人兴奋和强有力的手段。让课堂考评走上正轨要比想象的难得多。它混杂了对个人信念的挑战，对教学的反思以及对依据不同目的实施考评的新方法的学习。它要求教育工作者对学习充满激情、富于想象，乐意形成抗争策略，以允许他们在课堂上以富有成效的方式运用考评，并尊重学习和考评的复杂性。

进一步思考

1. 当你是学生时，课堂考评的目的是什么？

2. 目前，如何使用课堂考评来提高你的学校或学区学生的学习能力？

第三章　总结学习、促进学习、融入学习的考评[①]

在第一章，我为考评描述了一个“乐见的未来”。我的愿景是使考评成为学习的一个部分——引导学习过程和激励进一步的学习。考评这个词来自拉丁文“assidere”，意思是“坐在身边或一起坐”(Wiggins, 1993)。教师和学生坐在一起克服学习上的困难，以真正理解事情的真相，这样的观念虽然与考评和评价在学校中通常所起的作用有相当的距离，但许多教师一直都在这样做。在这一章中，我更仔细地考察通常发生在课堂上的各种考评的目的。课堂考评是一项复杂的任务，在不同的情境中和对不同的受众有不同的意义。这也是必需的。考评的各种目的相互支持，有时又相互竞争或冲突。正如威尔逊（Wilson, 1996）所述，教师以多种不同的角色从事考评工作，厘清角色间的关系并使之并行不悖是一项具有挑战性的任务（见表 3.1)。

表 3.1　考评的角色和目标（Wilson, 1996）

角色	目标
教师作为导师（mentor）	给每个学生提供反馈和支持
教师作为向导（guide）	收集诊断信息，引导小组做完手头的工作
教师作为记录者（accountant）	记录学生的进步和成绩

① “总结学习的考评”“促进学习的考评”和“融入学习的考评”，对应的英文分别是：assessment *of* learning，assessment *for* learning 和 assessment *as* learning。

续表

角色	目标
教师作为报告者（reporter）	向家长、学生和学校行政部门报告学生的进步和成绩
教师作为项目主管（program director）	对教学实践做出调整和修改

这些角色显然有所重叠，教师要管理考评活动，以使这些活动迎合不同的目标，从这里就可以看出课堂考评的过程实际上非常复杂。在这些不同的角色和目标当中也存在着各种令教师担忧的矛盾。通过思考我所乐见的未来中课堂考评的作用，思考起导向作用的三种课堂考评方式，我希望这些矛盾变得更加清晰和易于理解。这三种考评方式分别是“总结学习的考评”“促进学习的考评”和“融入学习的考评”。虽然在我乐见的未来中，我打算突出“促进学习的考评”和“融入学习的考评”的作用，但是“总结学习的考评”也有其价值和地位。在我看来，重要的是全面了解考评，认识三种考评之间不可避免的矛盾，知道你正在使用哪一种考评，为什么使用，明智地用好所有三种考评。

在第一版中，我扩展了在考评改革小组对考评方式所做的区分，进一步将学生用以增强自身学习责任感的考评，与教师用以改善教学从而改进学生学习的考评活动加以区分，将前者称为“融入学习的考评”，构成三种既相互关联又有所区别的考评——“促进学习的考评”“融入学习的考评”和“总结学习的考评”。

每种目的对课堂考评来说都是重要的。“总结学习的考评”涉及评分和报告，“促进学习的考评”和“融入学习的考评”则明确地把考评当成旨在支持学习的教学的一部分。这些观念共存于当下的实践中，时而协调，时而矛盾。教师要弄清考评的各种目的，需要用新的思维和理念来思考课堂的考评和评价。

> 测量还是学习，这是一个问题。
>
> 布罗德福特
>
> （Broadfoot, 1996）

促进学习的考评

促进学习的考评为学校里传统的考评提供了一个新视角。简而言之，促进学习的考评将重点从终结性考评转向了形成性考评，从评判转为做出可用于下阶段学习的描述。

> 假设：课堂考评可以促进学习。

促进学习的考评旨在给教师提供信息，允许他们调整教学和学生的学习活动，区别和理解每个学生的学习方式。这样的考评表明，学生都以个人独特的方式进行学习，同时承认，很多学生的学习模式和途径是可预测的。从精心设计的考评（以及对考评过程的批判性反思）中获取的信息不仅可以用来确定学生知道什么，而且可以用来洞察学生以什么方式知道、在什么时候知道，以及能否应用所知道的知识，这样教师就能够更合理更有目的地进行教学和利用资源。

教师在做“促进学习的考评”时，收集用于各种目的的大量数据——据此调整学生的学习任务。他们精心设计考评任务来了解学生已有的知识和能力，利用这一过程中所得到的对学生内在的认识去设计后续的教学步骤。为此，教师利用观察、工作表、课堂上的提问、与学生的谈话以及任何可能方法来提供有助于他们规划和实施教学的信息。学生作业的目的不在于给他们打分并在学生中进行比较性的评判，而是要显示出每个学生的长处和弱点，并提供促进学生学习的反馈。

> 在现实中：正是通过课堂考评，可以使态度、技能、知识和思维得到鼓励、培育、促进或压制。
>
> 海因斯（Hynes, 1991）

在促进学习的考评中，教师利用自己对学生的了解，以及对考评情境和课程目标的理解，识别特定的学习需求。促进学习的考评发生在学习的过程中而不是过程终结的时候，通常不止发生一次。它是互动的，教师给学生提供帮助是考评的一个部分。它帮助教师向学生提供反馈以搭建进一步学习的脚手架。还有，它的正常运作依赖于教师的诊断技能。

以这种方式保存记录包含对进度的跟踪，但教师所依据的是用于与期望对比的学生进步的清单、作品、一段时间内学生的任务档案、用以跟踪学生在连续的学习过程中进展情况的作业纸，等等。

融入学习的考评

融入学习的考评是促进学习的考评的子集，强调将考评作为发展和支持学生的元认知的过程。通过引入将融入学习的考评看成促进学习的考评的一个子集的设想，我强调学生的作用以强化和扩展形成性考评的角色，学生不仅是考评和学习过程的贡献者，而且是这两者之间的关键的连接者。融入学习的考评的焦点在于学生作为考评与学习之间关键连接者的角色。学生作为主动的批判性思考者，解释信息的含义，将信息与先前的知识联系起来，并用它去建构新的学习。这就是元认知的监管过程。这发生在每个学生监控自己学习的过程中，利用从监控中获得的反馈信息对学习进行校正、调适、甚至对自己的理解做出重大的改变。当教师聚焦于融入学习的考评时，他们将课堂考评作为帮助学生发展和实践思维技能的媒介，帮助学生成为批判性思考者，自如地对自己的学习进行反思和批判性分析。

> 假设：自我考评是问题的关键。

有时学生需要自我激励，要能够将自己的才能和知识应用于人生中的决策和问题。他们不可以总是等教师（或政治家、销售人员、宗教领袖）来告诉他们答案是否“正确”。有效的考评使学生能够提出反馈性的问题，并思考一系列的学习和行动策略。经过一段时间，学生在学习中能够利用个人知识来建构意义，拥有自我监控的技能以认识到他们有所不知，并且能够决定下一步做什么。

融入学习的考评中所记录的是个人的事务。学生和教师（通常是一起）决定什么是学习的重要证据，如何将它们作为个人学习的助力组织并保存起来。学生们经常反思他们的工作，并判断如何利用过去的积累。与他人比较是无关紧要的。相反，关键的参考点是学生先前的工作以及继续学习的愿望和目标。

总结学习的考评

学校里最主要的考评类型就是“总结学习的考评”。它的目的是总结性的，旨在证明学习的水平并向家长和学生报告学生在校的进步情况，通常采用的方法是报告学生的排名。教学中“总结学习的考评”通常在一个阶段（例如，一个单元，一门课程，一个年级，一个主要阶段，一个项目）之后进行，采用测验或考试的方式，包含这一阶段所学材料中的问题。在总结学习的考评中，考评结果通常以分数或字母等级等符号表示，并向家长报告学生不同课程的平均分。

这种考评仍然主导着大多数的课堂考评活动，尤其在中学，教师坚决地掌管着命题和改卷的工作。教师用考试来检测学生的学习量和准确度，教师在考评中的主要工作就是改卷和评分。这种考评着重强调学生间的比较，给予学生的反馈就是分数或等级，几乎没有改进的指导或建议。这种测试表明哪些学生考得最好，哪些学生考得不佳。通常情况下，由于测试内容受到限制，评分过于简单，无法涵盖已经学过的范围广泛的知识和技能，所以这些测试不能提供对具体的观点或概念的掌握情况。内容细节上的这种缺失并没有成为一个问题，因为教师领会的考评目的就是对学生按等级排序，并用一个指标来表明学生在群体中的位置，不管是什么样的群体。教师保留了大量仅作为评分依据的学生成就记录。

> 通常在课程或教学单元结束时进行的考评的目的，是确定教学目标的达成情况以及对学生的学业成就进行评分或认证。
>
> 林恩和格荣伦德
>
> （Linn & Gronlund, 2000）

虽然这本书的大部分内容聚焦于促进学习的考评和融入学习的考评，但是在许多重要的阶段和节点会有实施终结性考评的需求，加上它将用于影响学生人生的重要决定，因此总结学习的考评是不可忽略的。把它做得恰到好处本身就是一个挑战。总结学习的考评和划分等级在教育中有着悠久的历史，一直被家长和公众普遍接受。如果它已经服务得很好，我们为什么还要担心一个运转良好的过程？为了不至于偏离本书的主要目的，我只着重讨论几个我们一直在着手的而目前还有争议的问题。虽然公众一直都很支持学校里评分的做法，但对于评分的公平以至准确性的怀疑越来越多。教育研究者和理论家在相当长的一段时间里一直批评传统的评分方法（Marzano, 2000）。在测量理论中，评分大受质疑。为什么？因为教师在评分的时候掺杂了许多无关学业成绩的因素；教师赋予考评的权重各不相同，教师错误地用一个考评等级来代表各种各样的技能和能力（Marzano, 2000）。随着教育成为在未来获得成功的一个重要因素，对如何计算成绩以及成绩能否如实表达其应有的含义这一问题，将会受到更多的关注。总结学习的考评是公之于世的考评，用评估报告或符号来表示学生学习的好坏。它促成了影响学生未来的关键决策。那么，重要的是总结学习的考评的逻辑基础和测量应做到可信和可靠，而且，教师应集中精力确保他们通过考评提供的有关学生水平或能力的描述准确和全面，以便信息的接收者可以利用信息做出合理和可靠的决定。这本书还将继续论及总结学习的考评，为了确保总结学习的考评及其产生的等级是站得住脚和有价值的，教育工作者要学习的还有很多。

保持恰当的平衡

三种考评都有助于学生的学习，但其方式截然不同。表 3.2 对每种考评方式的明显特征进行了总结。

表 3.2　三种考评方式的特征

方式	目的	参照点	关键的主体
总结学习的考评	关于排位、晋升、证书等的判断	其他学生，标准或期望值	教师
促进学习的考评	为教师的教学决策提供信息	外部标准或期望值	教师
融入学习的考评	自我监督、自我纠正或调整	个人目标和外部标准	学生

正如我前面提到的，这三种考评方式都有各自的位置，关键是要取得恰当的平衡。目前，在传统的环境中，几乎所有的课堂考评都是总结性考评，专注于事后对学习的测量，用于对学生进行甄别并将判断的结果报告给他人。一些教师通过在教学中加入诊断过程，实施形成性考评和反馈，并给予学生第二次机会提高他们的成绩（若能改善他们的学习则更好），以这样的方式来进行促进学习的考评。系统的融入学习的考评几乎不存在。

很显然，在某些时候，有关学生在一些重要方面的成绩及其与他人比较的信息很重要，采用的考评方式应该是“总结学习的考评”。问题在于学校是否应如此频密地使用总结学习的考评，以至于其他考评方式都没有了立足的空间。图 3.1 显示了这些考评方式彼此之间的这种传统关系。

图 3.2 显示了一种重构的金字塔，展示了一种不同的平衡，更加关注和强调促进学习的考评和融入学习的考评。在这种情况下，当需要总结性判断以便做决定，或者当教师和学生想看到他们工作的累积效应时，总结学习的考评可以发挥作用，但这一角色较为次要。重点放在有助于学生的学习的课堂考评，分别由教师（促进学

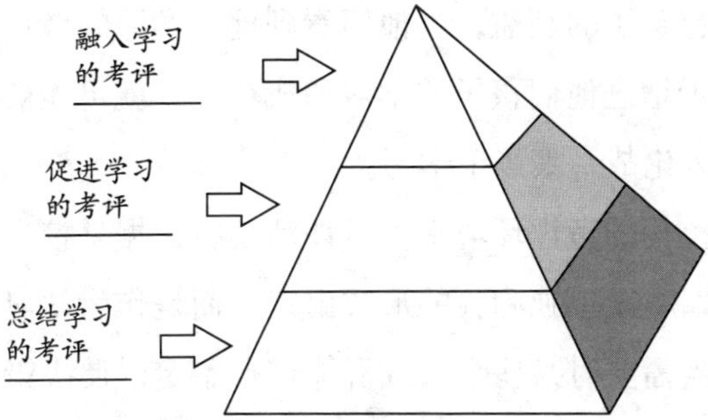

图 3.1　传统的考评金字塔

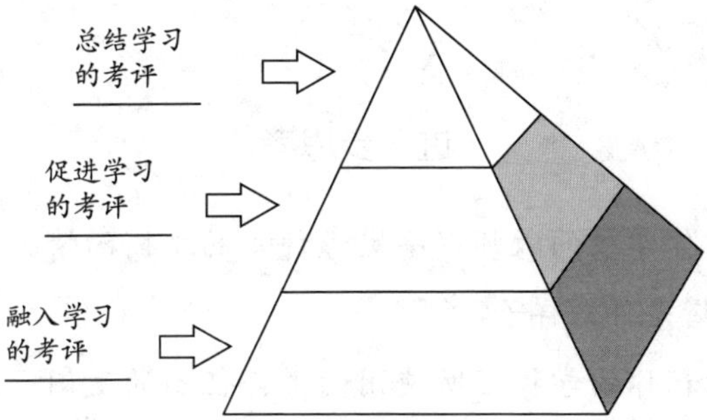

图 3.2　重构的考评金字塔

习）或学生（融入学习）担当考评的主体。

鉴于学校作为甄别机构的历史，认为考评和学习密切关联、彼此交融的观念是革命性的。从表面上看，这种观念是有吸引力的，但正如我们所了解的，将这种观念植入学校会非常棘手。我怀疑这种两难困境就是教师们所说的“考评是最难的部分”。在监控学习并根据考评对学生进行甄别，以及对学生进行教学这两者之间，他们左右为难，并一直在这些矛盾的责任中挣扎。这种一直存在的矛盾也正是平衡需要重构的原因。教师和行政管理人员可以进行这一重构，而不造成社会特别是家长、学校期望的剧烈动荡。家长心中总是想着自己孩子的利益。当他们看到促进学习的考评和融入学习的考评有助于增进他们孩子的学习和成功时，就可能被吸引并自发作为盟友加入论战，聚焦于学习。

在这个重构的考评环境中，考评活动将占据学校日常教学的一大部分时间，不以单独测验的形式出现，而是作为学习过程不可分割的部分。当需要对某些个人或群体进行鉴定以便决策的时候，或当总结性的描述对学生和他人来说很重要的时候，作为一个阶段的标志或通过仪式，会进行测试。现实中真正需要的测验远少于学校经历的实际频次。

进一步思考

1. 采访你学校的教师以鉴定考评目的平衡的情况。看看那里的考评金字塔是什么样子?

2. 分析在你的学校里所使用的考评任务的案例。看看它们是为总结学习的考评设计的，还是为促进学习或融入学习的考评设计的?

第四章　聚焦学习

这本书背后的基本思想是学习高于一切。在我看来，把学生的学习置于学校教育的中心，聚焦于保障所有学生的高水平学习是教育在20世纪的最主要转变。我无意说这一目标已经达到，但也不会为我的教育信念而抱憾，我所“乐见的未来”是一个新的时代，其中学校教育的目标是教育好所有的孩子，而不是“十里挑一”地筛选出一些学生来为他们从事知识性工作做准备（Darling-Hammond, 1994），学校没有理由对他们的学生进行排序并剔除不适应学校培养方式的学生。尽管通往这一目标的征程荆棘丛生，但我仍然坚信这是教师职业道德和职业责任要求下的基本目标。

> 假设：在学校里学习高于一切。

学习造就了人

学习永远有益于人类在艰难的、甚至是看似不可能的境遇中生存下来。人类能够学习，抛弃陋习，分享学识，并将学问传递给后继者。无论是对个人还是整体，学习都是我们之所以是人的核心。学习是使后代能够对变幻无常的世界做出反应并存活下来的关键。最重要的也许是，我们还远远没有接近学习的极限。

图 4.1 展示了人类据以破解信息和认识世界的强大而独特的学习品质的各种成分。

科斯塔（Costa, 1996）概述的这些人类特质是我们学习能力的基础。

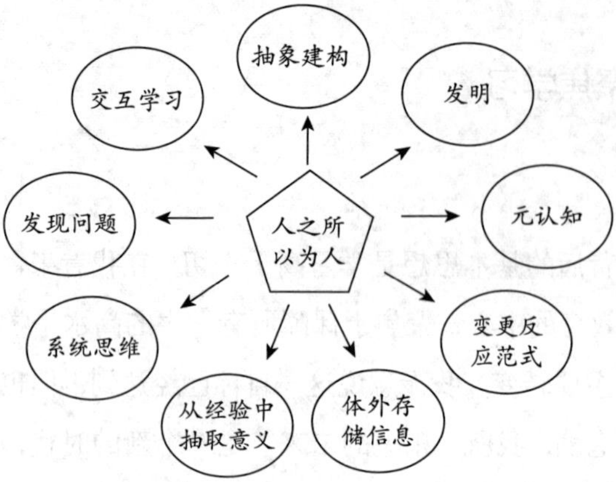

图 4.1　人之所以为人（Stoll, Fink, & Earl, 2002; Costa, 1996）

- 元认知（*metacognition*）。人类能够反思他们的思维过程。专家们将他们的思考描述为内心的交谈——监控自己的理解，预测自己的表现，决定自己还需要知道什么，组织和重组想法，检查不同信息之间的一致性，进行类比以提升自己的理解。
- 发明（*inventing*）。人类具有创造力，人类不断从事挑战性工作的动力通常是由内在力量所促成，而不是由外在力量引起。他们不断追求流畅、精致、新颖、简约、简洁、精巧、完美、和谐、美丽和平衡。
- 抽象建构（*constructing abstraction*）。人类能够使用语言、图像和数字作为符号，将事件抽象为类型和模式。这一符号系统让人能够进行抽象思维，并在思想中对世界加以组织和重组。
- 相互学习（*reciprocal learning*）。人类是社会性生物，天生渴望交际。在群体中他们彼此倾听，努力达成一致，并反思自己的看法和理解，因而学得最好。

- 发现问题（*problem finding*）。人类不仅能够寻找问题加以解决，而且很享受这个过程。人类觉察并质疑他们周围世界中模棱两可和异乎寻常的事物。一旦有所怀疑，他们就寻找认识事物本质的更好方法。
- 系统思维（*systems thinking*）。人类在对整体进行认知的同时能够看到其中存在的各种模式、一致性和不一致性。这种能力使他们能够考虑事物各方面的相互关系，并想象其中某一方面的改变可能对整个系统产生的影响。
- 从经验中提取意义（*deriving meaning from experience*）。人类最显著的属性之一就是能够对他们的经验做出反应并从中学习。他们可以回溯，监控活动，改变行为或看法。
- 体外信息存储（*storing information outside the body*）。人类不是在身体的内部，而是在体外多处存储、组织和提取信息。从洞穴壁画、书籍到光盘，外部系统可供存取的信息量远远超出了记忆的极限。
- 变更反应模式（*altering response patterns*）。虽然人类的一些活动是基本固定的，但是人们能够深思熟虑地选择他们的行为。他们总是能够学习并根据新的想法或理解改变他们的反应。

人如何学习

墨尔本大学的“21 世纪技能考评和教学（The Assessment and Teaching of 21st Century Skills, ATCS）”的研究人员将 21 世纪国

际上的技能分为四大类。（ATCS, 2012）

- 思维方式。创造力，批判性思维，问题解决，决策和学习。
- 工作方式。沟通和协作。
- 工作工具。信息和通信技术（ICT）以及信息素养。
- 在世界上生活的技能。公民，生活和职业，以及个人和社会责任。

在第一版中，我强调了大卫·帕金斯（Perkins, 1992）的大胆声明："我们已经充分了解学习如何进行，教师如何教，以及如何适应多样化以便把教育的工作做得更好。"自那时开始，与人类学习有关的知识有了很大的增长，其中一些具有改造教育的力量。教育工作者所面临的挑战是运用有关学习的最新理解去帮助学生成为乐见未来的公民——届时不只是少数学生，而是所有的学生都需要学习。他们将要学习的不只是语文和数学的基本技能，还包括所有新的基础，如获取、解读和利用信息，批判性的思维和分析，解决新问题，做出明智的判断，独立工作和小组合作，在模棱两可的事态中找到恰当的行动方式，以及适应 21 世纪的生活所需要的其他各类技能。

学习不是静态的特质，而是一个动态的过程，是通过按相似性、差异性、类同性与规律性将信息纳入特定图式的反复过程，从而学会和发展学习。由美国国家科学研究委员会（the National Research Council in the USA）出版的《人是如何学习的：大脑、心理、经验和学校》（*How People Learn: Brain, Mind, Experience and School*）一书（Bransford, Brown, & Cocking, 2001），是认知与发展科学方面开创性的综合文献，指出了人类学习的三项原则。

1. 学生带着关于世界是如何运作的前概念来到课堂。他们如果不对课堂所学加以理解的话，可能就无法掌握新的观念和信息，或者他们只是为了应付考试学习这些新的概念和信息，在课堂之外又回到了他们的前概念。

2. 为了发展探究相关领域的能力，学生必须具有深厚的事实性知识的底蕴，基于某种概念框架去理解相关的事实和观点，以便以检索和应用的方式组织知识。

3. 元认知导向的教导可以帮助学生通过界定学习目标和监测学习进展学会掌控自己的学习。

这些原则将学习描绘成一个互动的过程，在这一过程中，学习者试图解释新信息并将其纳入已有的知识之中。学习不是一个被动的过程。年轻人并非空着脑袋来接受我们的学识，如同成年人不可能像海绵那样从空气中吸取新思想。从人生的早期开始，婴儿头脑活跃，很吃力地理解他们周围世界的意义。随着时间过去，这种意义建构逐渐包括了有意识的注意、对多种理念的组织与重组、对新理念的同化或顺应，时时改组与重组从而将不同的理念联结为一种衔接顺畅的模式。当人把注意力集中到某些事情上或者某些事情引起了注意时，有意识的学习就开始了。一旦某事进入了人的意识，人脑就开始对它进行组织并将它与原有的知识联系起来。这涉及信息的处理，从记忆或经验中搜索和检索信息，检查新信息与先前知识之间是否匹配，监测理解，重组理念，判断新信息的意义和适用何处。所有这些活动都以闪电般的速度发生，学习者一般完全没有意识到这个过程。存在于个体身外的信息就这样变成了个体内在知识的一部分。这组成了一幅心理地图。一套用于有效地检索信息并与其他理念进行联结的内部表征。在学习的过程中，学习者最初游移于与任何领域关联的基本规则之外，直至能自动地与某个他们感到合适的领域联结起来，通过行动、评估所发生的事情、反思、设计新的策略、再次行动，开始构建他们自己的理解。这就是学校和课堂的“活儿”。

在教师规划针对性的教学和课堂活动之前，他们需要了解学生的思想。学生相信什么是真的？这个过程比“他们有正确的或错误的答案吗？”的内涵更为丰富。这意味着让学生的思维变得可见，理解学生从他们的角度出发为认识世界所构建的意象和模式（Earl, 2003）。这意味着使用信息为学习者提供脚手架来创建新的联结，并把这些联结纳入一个概念框架中，让学生可以迅速有效地检索和利用新的信息。正如约翰·海蒂（Hattie, 2009）在他对学习成就的相关因素所做的出色的元分析中所说的那样：

（对学习而言）关系重大的不是某个特定方法或草案，而是试图将学习个性化，更加准确地了解学生在学习过程中的进展情况，确保教师的专业学习，以及在什么时候用什么方式为教学与学习提供多样或有效的策略。（Hattie, 2009: 245）

聚焦学习所显示的远不止学校里年轻人学习的广度和深度。对学习的认识的不断变化也把成人学习的问题带到了前台，教师和领导者也面临着量大如山的新学习，他们不得不建构和重构自己的知识和信念。也许对这个版本的有力补充将是学习理论研究的贡献，以及对新学习在各级教育系统中的重要性的重申。

为了理解的学习

如果为了理解的学习是学校的主要目的（这在信念上是一个巨大的变化），那么，什么是为了理解的学习呢？能够记住甚至应用概念并不一定意味着已经理解该理念。大多数学生，包括最好的学校里最好的学生，也没有真正地理解（Gardner, 1991）。孩子们知道如何把数字套入公式或死记硬背一些有关复杂现象的描述，但当他们在新的情境中遇到这些概念的时候却不懂该如何应用，这样的现象太常见了。资料被保存在记忆中并在可能适当（却往往错误）的时候被提取出来。不幸的是，对于他们学过的内容，学生所知道的通常都远远超出他们所理解的，受到许多错误观念或误解的困扰（Perkins & Unger, 2000）。为了理解的学习意味着对隐含在背后的观点和概念有更深刻的把握，而不只是背诵算法或规则。理解是活的知识。达到理解的学生有能力获取知识、概念、技能和事实并在适当的新情境之中进行应用。布兰斯福德等人（Bransford, Brown, & Cocking, 2000）以爱因斯坦的相对论为例进行说明，应该可以引起大家的共鸣。某人理解 $E=MC^2$ 的证据是什么？背诵公式只能说明它已被记住，但并不表示它已被理解了。它的理解涉及能量、质量、光速和诸如“平方”这类数学概念的知识，但这还不够。一个人应该能够根据物理规则来使用这些概念，以证据支持该理论，确认该理论解决的问题以及它所取代的理论，等等。深刻的理解意味着掌握一门学科的结构，明白事物间如何相互联系，在新情境中应用这些理论观点，以及评估甚至质疑学科中的知识。

> 新见解不是通过渗透作用发生的，而是通过直面那些挑战固有观念的观点。
>
> 厄尔和卡茨
>
> （Earl & Katz, 2006）

一个主题或理念的先验知识为联结新理念和构建复杂的心理模式奠定了基础，但如同爱因斯坦的例子所表明的那样，知识本身并不能保证理解。需要具备与所考虑的主题相关的丰富的知识基础和大量的经验才能理顺这些理念并创造出用于组织理念的心理模型。

有关专家和新手之间的差异的研究，为了解知识和理解如何协同发挥作用提供了深入的见解（Bransford et al., 2000）。当然，新手掌握的知识和技能相对于专家要少。但是，专家与不太成功的同行的区别不只在于知识或技能的数量。专家有良好的调节系统，当他们意识到某事（事实或技能）缺失了或者不适合的时候，这个系统就会发挥作用。他们在行动中表现出计划、控制和反思的特点。他们了解自己所拥有或缺乏的知识和技能，并能采用相应的策略主动应用或获取知识和技能（Ertmer & Newby, 1996）。新手可能缺乏重要的知识或可能只记住了大量的互不关联的事实，没有任何组织性的结构或概念来提供理解或迁移到新的情境。因为还不具备这些组织工具，他们需要规则来帮助他们认识事物的条理，发展知识和图式以供未来参考。经过一段时间新手变得更加熟练，这个过程的某些部分不再需要有意识地注意，而是成为自动化的过程。发生这种情况时，他们就不再死板地按照外在的规则行事，开始进行调适以自主地学习，反映出他们特有的聪明才智。然而当出现问题时，即使是专家也会回归规则，用以作为自我监控和纠正的策略。设想职业网球运动员在发球局的情况。球发得好时直接得分。球发得不好，即使是专业球员也会回到练习场并从基础开始，往往还用摄像机作为辅助工具。

> 研究……清楚地表明，“可用的知识”不仅是一份不连贯的事实清单。专家的知识是围绕重要概念（例如，牛顿第二运动定律）联系和组织起来的；它能够应用的情境是“条件化”的；它支持理解和迁移（到其他情境），而不仅仅是记忆的能力。
>
> 布兰斯福德等（Bransford et al., 2000）

专家围绕重要概念来阐明和组织知识，利用他们思维里可用知识的配置，因为这些理念已经变成他们思维中自动化的部分。有了这种自动性，专家能够在非常复杂的、有多重因素相互作用的、非结构化的世界里运用这些概念。他们利用元认知和反思来控制和完善他们的学习。也许最重要的是，他们对学习的结果承担个人责任；他们通过与其他信息的比对来调节自己的理解；他们运用自我监控决定是需要回归规则还是向前寻找新信息的信号。

除了考虑建立联结以激发深刻的理解，记住每个人都是独一无二的也很重要。与所有其他的人类特征一样，每个学习者的学习是多样的和不同的。起作用的因素包括遗传、经验、视角、背景、天赋、兴趣、能力、需求以及某些不可预知的特定经历。学习者有不同的情绪状态、速度和学习风格、发展阶段、能力、天赋、效能感与其他的需求。正是这种多样性为拓展学习提供了无数的机会——首先，承认学生在生理、个性、语言、文化和社会背景上的差异；其次，重点关注人之所以成为人的共同特征。但个体差异也应被重视，以为所有学习者提供学习和自我发展所需的挑战和机遇。

学习是艰苦的

当人们投入新的学习的时候，如果新的信息与先前的想法和信念基本一致，通常新的信息很容易与现有的知识结合并强化已有的观点。如果新的信息与已有的想法不一致或存在冲突的话，学习者可能需要改变先前的信念。出现这种情况时，学习者会体验到不和谐和无序，需要持续的注意力和精力以继续学习。这不仅是一个认知过程，也是情感的过程，因为需要评估每一条信息对学习者自身以及对环境产生的影响。尽管这种不和谐引起学习者的不适，但是它对于转变观念来说是必不可少的，从而也是认真的学习所不可或缺的。学习就在这些不和谐之中产生（Linn & Songer, 1991; Olsen & Bruner, 1996）。

认知心理学家在过去几十年一直在谈论两个“A”——人们面对新知识时做出应答的两种方式——同化（assimilation）和顺应（accommodation）。同化发生在新信息与个人原有的观念和信念基本一致的时候，与原有的知识很容易结合并强化已有的观点。如果新的信息与已有的思想冲突，学习者可能需要改变先前的信念。这个过程被称为顺应。我想给这一模式补充第三个“A”——逃避（avoidance）。人还会努力保护和保存其已有的信念体系，忽视或摒除新的信息，以避免新的信息被纳入已有的信念和价值之中。

这意味着新的想法被当成“差不多一样”或“我已经这样做了”。这可能是对那些实际上并不新的思想的直接同化。有时新的思想会被修改为熟悉的事物并被接受为已经存在的思想，出现过度同化（overassimilation）的现象。有时考虑到新思想的变化太大或者确实不适合，就会发生逃避新思想的现象。就像达菲（Duffy, 2003）所说的：

> 如果个体不能将新信息与现有的心理模型链接，他或她可能构建一个心理模型以理解新信息，或者将新信息作为不相关的、不重要的、或错误的信息加以放弃。（Duffy, 2003: 31）

引发新思想的新学习来自一系列积极的顺应。顺应是艰苦的，对于观念上的改变和新学习都至关重要（Olsen & Bruner, 1996）。顺应产生思想的不和谐和混乱，需要持续的注意力和精力。这不仅是一个认知过程，也是情感过程，因为需要评估每一条信息对学习者自身带来的影响和对其所处环境的潜在影响。

生活在不和谐的思想状态之中并挑战“信以为真”的见解，这是种苦差。人们倾向于保持内部观念与新信息之间的相对稳定，尽力避免破坏他们看待世界的方式。挑战在于走出思想上的不和谐而转入富有成效的学习。但究竟是什么迫使人们生活在思想不和谐的状态之中，体验不理解某事的不安，努力整合新的知识，甚至不惜认真调整自己的原有信念？是什么在激励学习？了解动机如何起作用是保持学习首要地位以及构建持续终生的自觉学习模式的关键。

学习动机显然比我们想象的要复杂得多。如果学习主要不是依赖外部奖励，还有什么能影响学习呢？它如何起作用？动机研究人员认为，是成功和能力激发了学生的学习动机。影响还来自他们关于成功原因的信念。认为学习成绩取决于固定的能力的学生更有可能朝着表现性目标（例如分数）努力，以取悦教师且显得能干。对于这些学生来说分数就像是学校里的货币，分数的交换价值比学习更重要。不幸的是这意味着他们倾向于选择容易的任务，而且一旦遇到困难就不太可能坚持下去（Stipek & Shepard, 2000）。将学业成功归因于努力的学生更有可能接纳学习目标，这意味着他们的动机来自不断增强的成就感和成为有能力的学生的愿望。人们成功或失败时会用不同的方式进行解释：努力、能力、任务因素或运气。只有第一种归因可能促进适应性的动机倾向。学生会决定进一步努力以取得成功。其他的解释，能力、任务难度或运气都是学生无法控制的。当学生不相信他们能够控制自己的成就时，他们在学校的学习动力就非常小。一个人对自己到底有多能干的看法，对他尝试新学习的意愿有着巨大的影响。人们有意或无意地提问，例如，这会让我不舒服到什么程度？多长时间？如果学习动机能被影响的话，那么，教育者需要认真努力地审视一下他们所相信的能够激励学生学习的因素是什么。

如果人们经常失败，他们就失去了学习的动力并竭尽全力回避失败的痛苦，避免可能受到的公开羞辱以及进一步确认他们的无能。实质上人类通过降低标准、失去兴趣和拒绝参与的方式来应对威胁。

人的成功来得太容易的时候，动机也会衰减：没有理由继续消耗精力了。斯克思森特米哈伊（Csikszentmihalyi, 1990）解释说，如果缺少技能而面临的挑战不大，他们会感到麻木；如果挑战的水平低而他们的技能水平较高，他们会觉得无聊。当挑战和技能两者的水平都高的时候，他们就处在“兴奋”之中。当人们相信自己能够成功的时候，他们就愿意尝试新的有挑战性的任务，即使任务是困难的。因此，持续学习似乎取决于努力和合乎情理的成功的组合。如同斯克思森特米哈伊所描述的那样，当学生处在“兴奋”状态时，不管新的学习任务多艰难，他们会全神贯注于任务之中，坚持不懈地朝向目标去努力。学习动机来源于对技能或知识的掌握，最初的激情可以为实现更高目标播下种子。

此外，如果工作枯燥且要求不高，或者失败和受窘的风险太高，年轻人就会迅速用他们觉得更有吸引力的活动来打发时间，这往往令他们身边的成年人感到懊恼。

比格斯和莫尔（Biggs & Moore, 1993）谈到四大类动机[①]，每一类动机都会影响学习。外部动机来自个体之外，是表层式学习[②]

---

① 比格斯和莫尔提出的四类学习动机英文原文分别是：*extrinsic motivation*（外部动机），*intrinsic motivation*（内部动机），*social motivation*（社会动机）和 *achievement motivation*（成就动机）。——译者注

② 比格斯提出的表层式学习英文原文为：*surface learning*，此外还有两种学习方式即深层式学习（*deep learning*）和成就式学习（*achieve learning*）。——译者注

的核心。在外部动机的作用下，任务之所以被执行是因为它带来了正强化或负强化。社会动机与引发动机的人（例如，父母、同伴或教师）的影响有关，也和学习者投入过程的性质（榜样、顺从或合作）有关。成就动机以通过考试或找到工作为目的，这是表面的动机，常伴随诸如死记硬背之类的行为，当然，这也可能导致学业成功。内在动机源于个体内部，来自以学习自身为目的而投入学习的需要，带有个人的意向。

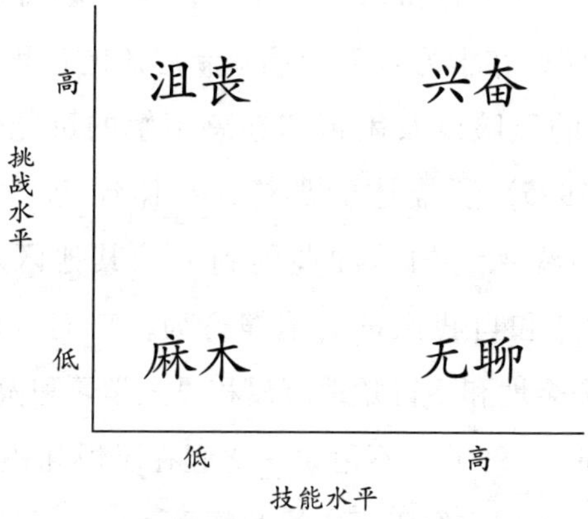

图 4.2　动机是挑战水平和技能水平的函数

长期以来，强化和奖励一直被视为重要的激励因素。当对任务的初始兴趣低的时候，奖励有可能会提高学习投入和任务表现。然而在行为是出于内在兴趣的时候，就会出现一个关于奖励的性质和力量的有趣悖论。外部奖励可能有损任务的表现，尤其是那些人们本来就感兴趣，在没有奖励的情况下也愿意做的时候。当具有高度的内在动机的人面对带有沉重外部奖惩的问责机制时，存在着一种危险，他们会丧失部分内部动机，取而代之的是来自奖励的强化。此后就很难回到"很要紧以至没有奖励也要做的"行为，那样的行为只会是越来越少，而不会越来越多。

如前所述，学习不仅涉及智力，也深度牵涉情绪。正如丹尼尔·戈尔曼（Goleman, 1995）在他的著作《情商》（*Emotion Intelligence*）中描述的那样，思维和理性是我们做出选择的引擎，但感受和情绪智力通过排除一些选项和强调另一些选项的方式来降低决策的阻力。感受和思维的互补促使大脑和心灵保持协调与平衡。

由于涉及一些新的和未知的东西，学习不可避免地引起一连串的情绪反应。在学习者努力理解新思想的过程中，新的学习通常包含失败的风险以及困苦和迷惑不解的可能性。正如戈尔曼（Goleman, 1995）所描述的那样，身体经历一场情绪的“劫持”，大脑中边缘系统的脉冲蔓延到大脑其他区域。这可能会导致一种无助感和自我保护的退缩行为。它们也可能会激发心流[①]，使个人完全地和不自觉地沉浸和投入学习和做事的乐趣之中（Csikszentmihalyi, 1990）。不用说，比起在恐惧和焦虑的情感中被迫学习的情况，人们在经历了心流的感受而且学习的动力就是因此而激发的时候，学到的会更多，而且学习的兴趣也会维持得更久。这样的投入状态是基于放松性警觉，一种有安全感和挑战性的学习经验的结合。

① 心流（mental flow）指人们在专注投入某项活动时兴奋、充实、满足、忘我的一种心理状态。——译者注

学习发生在情境之中

学习并不发生在真空中，学习者绝非白板一块。他们不是等待填充的容器；相反，他们的思维激荡、奔涌、舞动——连接和挑战他们在社会和物质环境中所遇到的一切。这个过程开始于小小的婴儿，随着他们的成长，他们创造了关于他们周围世界的连贯和（对他们来说）合理的模式。这些关于世界是什么样子的信念很早就有了，来源于他们与家庭和社区成员之间的互动。早期的经验性知识形成儿童生活的结构，往往是难以改变的。这是生活教给他们的“东西”。学习者通过比较他们的（以及他们的社区和文化的信念和思想）与他们周围的人和文化所持的信念和思想，验证他们信念和思想的精准程度。检验的过程通常涉及书本、媒体、教师、父母和专家。正式的和非正式的社会互动，都对学习和人们的信念发挥着重要的作用。维果茨基（Vygotsky, 1978）提高了我们对作为社会过程的学习的理解。他认为向他人学习的能力是人类智力的基础。学习发生在参与各种文化实践和分享式学习，以及形成个人知识的过程之中。对话或交谈让预设、思想、信仰、情感得以明晰且可供探讨，知识因此而生成。正是在这些对话中产生了新的思想、工具和做法，也正是在这一过程中，最初的知识得到了充分的丰富或改变（Hakkarainen, Palonen, Paavola, & Lehtinen, 2004）。

学校的学习尤其如此，它是在社会环境中进行的。社会环境的性质对学习发生的方式、原因和内容有着深远的影响。课堂和学校的环境可以是对学习友善的，也可以不那么友善。人们在某个环境中学习，但无法将所学到的内容迁移到不同的环境中。然而，当一个包含大量实用性例子的课程在许多不同的情境中被讲授的时候，人们就更有可能抽象出相关因素并建构起在根据情境中灵活应用的知识。最重要的可能是，学习情境会影响学习者的动机和身份认同。教师的价值观和信念影响了他们创造的课堂结构和他们对学生的回应。孩子是教师的敏锐观察者，他们可以辨别出教师所给予的不同对待（Weinstein, 1998），这常常导致那些自认为能力稍逊的学生学习动机下降。孩子们在从一种课堂情境转换到另一种课堂情境时，不断地塑造、维持并积极发展自己的认同感（Pollard & Filer, 1999）。这意味着，由于学生的关系网、他们课堂中的结构性地位以及相对的成功或失败等会随着时间的推移而发生变化，他们对自己作为学习者的感觉也会相应变得更好或受到威胁。这种感觉也会受到教师的期望、学习和教学策略、课堂组织以及如后边很快就会提到的考评和评价实践的影响。

> 假设：学习既是个体的，也是社会的。

进一步思考

1. 利用图 4.1 组织思维导图活动，确认你在课堂考评活动中做的（或可能做）的事情中有哪些涉及科斯塔（Costa, 1996）所确定的人类特质。

2. 想一些通过记忆来学习但现在对你来说已经是自动化的东西（例如，某种运动，驾驶汽车）。在你初学的时候情况如何？是什么帮助你掌握了呢？

第五章 考评与学习

正如我在第三章中提到的，“总结学习的考评”在大多数学校里仍然是占主导地位的考评方式，所采取的主要形式是测验、论文和项目。即使教师在课堂上使用诸如提问和观察学生的方式非正式地进行考评，通常的目的是对个别学生进行判断或者对判断加以确认，教师也很少长期保留这些考评信息，或者为了将来的考虑而以某种方式加以保存。

在本书中，我就考评的方式提出一种重要和根本性的转变，提高“促进学习的考评”和“融入学习的考评”在学校和课堂运作中的地位，令三者的地位更加均衡。第十一章将专门讨论实现均衡的过程，然而其第一步是理解并考虑新的观点以取代那些长期主导我们文化的观点。

在本章中，我介绍的是导致我和其他人相信考评能够而且应该成为学习的关键部分的观点、理论和研究。为什么我们认为课堂考评如此重要？课堂考评如何与学习联系起来？如果课堂考评有那么强大，它是如何运作的？

课堂考评对学习的贡献

课堂考评总会对学生和他们的学习产生某种影响。教师运用考评对诸如教什么、教给谁、和家长沟通什么和能否升级这样的事情做出决定。学生们也根据考评对一些事情做出决定——如个人的成就感、自我价值感以及参与学校学业的意愿。课堂考评详细说明学习得牢固的地方，影响学习策略和技能的长期发展。最后，课堂考评影响到学生赋予教育的价值。如果考评有这样的影响，那就值得用心地加以关注，使得它支持学习而不是阻碍学习。

> 如果考评能塑造学生的学习，那就是形成性的。只有当且仅当这种塑造依据考评的结果来进行，而且考评的信息确实用于改变那些在考评信息不存在时原本会发生的事情，这时的考评才是形成性的考评。
>
> 威廉（Wiliam, 2006）

然而，课堂考评并不一定有助于学习。记住，大多数课堂考评是总结学习的终结性考评。即使更加强调以儿童为中心的考评方式，如表现性考评、档案袋或成就记录等，也只是在利用考评使学生真正得到进步的方向上迈出的一小步。

正如我在第一章中所述的，从 20 世纪 70 年代初开始出现了大量表明形成性考评有助于学习的证据。克鲁克斯（Crooks，1988）进行了一项很有说服力的研究，表明课堂考评对学习既有短期的也有长期的影响。在短期内，课堂考评可以：

- 使注意力集中在主题的重要方面；
- 给学生练习技能和巩固学习的机会；
- 指导进一步的教或学。

在中长期，考评有可能：

- 影响学生作为学习者的动机和他们对自己能力的看法；
- 沟通并强化教学目标，包括表现水平和表现应有的标准；
- 影响学生对学习策略、技能和学习模式的选择和发展；
- 影响学生对课程、活动和职业的后续选择。

在英格兰，考评改革小组（1999）推动了这一进程，提供了更多的证据，并以大众化的语言支持对改善学生学习的考评的关注。

其结果是明确的和不容置疑的：原本为提高课堂考评的有效性，达到激发学习动机的目的所设计的考评方式，可以提高学生的成绩。（Assessment Reform Group, 1999: 4）

作者们指出，激发学习动机的课堂考评：

- 是教师教学观与学习观的重要组成部分；
- 包括与学生一起分享学习目标；
- 旨在帮助学生了解和辨认他们对准的目标；
- 包括学生的自评；
- 提供让学生认识到他们接下来该做些什么和如何做的反馈；
- 受每一个学生都可以提高的信心所支撑；
- 包含教师和学生对考评数据的反应。（The Assessment Reform Group, 1999: 7）

布莱克和威廉（Black & Wiliam，1998）则指出了如下的几个负面因素：

- 教师倾向于考评学生作业和报告的数量，而不是学习质量；
- 把更多的注意力放在打分和评级上，其中大部分倾向于降低学生的自尊心，而不是为学生提供改进的建议；
- 非常强调学生之间的相互比较，导致不太成功的学生感到沮丧；
- 教师给学生的反馈往往服务于社会和管理的目的，而不是帮助他们更有效地学习；
- 教师没有充分了解学生的学习需要。

利用考评实践改进学习意味着重视学生对学习的参与度和动

机。它意味着连接教学和考评，参照学习的进度和学习目标，规划教学和考评之间的关系和衔接。这意味着既要个别地也要整体地对学生进行考虑。意味着加强重要的观念，找出差距或误解，建立学生的信心，指导他们朝向明确的理解学习。

当我把本书的第一版命名为“融入学习的考评”时，我知道自己抓住了一个重要的观念，但还不是十分清楚。现在我觉得更能清楚地解释自己为什么相信融入学习的考评是使学生的学习发生真正改变的关键。促进学习的考评这一观念令人不能不信，引发了我的遐想。我对隐藏在改变学生学习方式和教师教学方式的力量背后的心理机制很好奇。布兰斯福德、布朗和科金（Bransford, Brown, & Cocking, 2000）以及沃斯尼阿多（Vosniadou, 2001）的论述都提供了人是如何学习的原则，给了我证据和言语来支持融入学习的考评的想法。学习需要学习者的主动投入；学习根本上是一种社会活动；新知识是在已有的理解和信念基础上建构起来的。正如海蒂（Hattie, 2009）所说：

人们在学习中采用有效和灵活的策略来帮助他们理解、推理、记忆和解决问题；学习者必须知道如何规划和监控自己的学习，如何设置自己的学习目标，以及如何纠正差错……学习需要相当长的时间和实践阶段以开始建立专长。（Hattie, 2009: 246）

“融入学习的考评”是学习者对自己的学习和如何前进的决定负责的元认知过程。事实上它就是学习的过程。融入学习的考评最终的目标是让学生随着自主能力的发展，获得反思式地认识自己的技能和思维习惯。融入学习的考评重点在于逐步培养学生成为他们自己的最佳考评者的能力，但教师需要从外部加以呈现和进行示范，以此作为开端，创造机会让学生开始进行自我考评。

考评是教与学不可或缺的组成部分

很明显，考评不是教学的全部。但也应该清楚，考评必须是教学过程不可或缺的组成部分。当教师引导学生并提升他们的自主性时，教师就把学习的工具交给学生以便他们明智且有效地进行学习。要成为自主的学习者，学生必须发展综合素养，将技能、态度和性情三者复杂巧妙地加以融合。自我监控和评价是综合和高难度的技能，不会迅速地或自发地发展。像任何其他的综合技能一样，领悟元认知需要教师做出示范和传授教导，还需要学生的实践练习。

> 假设：学生能够在学习和决策中发展他们的适应性，灵活性和自主性。

透过“融入学习的考评”来促进独立自主的学习者的发展，教师的作用在于：

- 示范并传授自我考评的技巧；
- 引导学生制定目标并监控他们向目标前进的情况；
- 提供反映课程效果的优秀的实践案例和高质量的作业典范；
- 和学生一起制定好实践的明确标准；
- 引导学生发展内部反馈或自我监控机制以验证或质疑自己的想法，并能从容应对学习任何新事物时不可避免会遇到的模糊性和不确定性；
- 定期提供挑战性的实践机会，以便学生能够成为有信心、有能力的自我考评者；
- 监控学生的学习和元认知过程，并向他们提供描述性的反馈；
- 创造一个能给学生提供机会和支持的安全环境。(Earl &

Katz, 2006）

考评被视为学习的一个组成部分的课堂与其他课堂相比会有很大的不同。持有将考评视为学习的一部分这种新观点的教师在教学时会发现，不可能只改变考评而保持其他方面不变。考评发生了变化，教学、课堂组织以及教师与学生和家长的互动方式都得改变。

“融入学习的考评”对教师来说不是一种个人的活动，当然也不是政府可以控制的过程。它是个体间的、反复的、不断演化的对话，需要学生和家长参与其中，教师和学生以有助于学习的方式对学习表现进行考评和描述，帮助学生发展决定下一步行动的技能。

认识考评优化学习的力量

正如我在第一章中提到的，认识考评促进学习的力量不像当初想象的那么简单。多年来，一批作者发现了形成性考评系统的关键组成部分，而这种考评系统将改变课堂考评和教学的性质。莱希、里昂、汤普森和威廉（Leahy, Lyon, Thompson, & Wiliam, 2005）描述了他们挖掘形成性考评的全部潜力的方法。

- 和学生一起澄清并分享学习意图和成功的标准。例如，有些教师给现在的学生分享以前的学生所完成的作业案例，让他们讨论判断哪些是好的，哪些是差的，为什么。
- 设计有效的课堂讨论、问题和学习任务。精心策划的问题可以促使学生思考，为教师提供调整教学所需的信息。教师需要使用有效的提问技巧，让所有的学生都参与进来，并衡量全班学生的理解，而不只是只挑选一些学生。
- 提供推动学习者进步的反馈。用点评告诉学生需要做些什么来改进学习，在适当的时候联系相关的细则，比只用字母的等级能更有效地促进进一步学习。

- 激励学生作为学习的主人活跃起来。例如，让学生用商定的成功标准对自己的作业进行考评。
- 鼓励学生成为彼此的教学资源。与教师的反馈相比，同伴的考评和反馈往往更容易吸引学生参与并为学生所接受。

哈蒂（Hattie, 2009）用他的六个通往卓越教育的路标强化了这些观点并强调其复杂性。

- 教师是影响学习的最强大的因素之一。
- 教师必须具有指导作用，有影响力，有爱心，有积极投入教学和学习的热情。
- 教师需要了解每一个学生的所思和所知，借助这种知识建构意义和有意义的经验，需要深刻认识和理解学生所思和所知的内容以提供有意义的和适当的反馈，使每个学生通过课程的阶梯逐渐进步。
- 教师需要了解学生的学习意图和课程学习成功的标准，了解全体学生达到这些标准的程度，针对学生现有的知识和理解与标准之间的差距，知道接下来要做什么：你要去哪里？你怎么去？下一步去往哪里？
- 教师需要从单一的观念转向多元的观念，而且，在他们拓展观念的过程中要将这些观念加以联系，促使学习者建构和重构知识和观念。关键不是这些知识或观念本身，而是学习者对这些知识和观念的建构过程。
- 学校领导和教师需要创建这样的学校、工作室和课堂环境，在那里，过错被作为学习机会；在那里，我们乐于摒除不正确的知识和理解；在那里，参加者可以有安全感地学习、再

学习、探索和理解知识。(Hattie, 2009: 239)

在下面的章节中，我举了一系列来自不同同行们、不同情景的例子，以突出一些场景，其中教师有意地演示了使用一种或多种策略以考评促进学生学习。虽然我已经将这些材料分布到不同的章节以突出某些特定的观点，每个这样的例子都深入说明考评的作用。它们都代表了一种综合、全面、准备周密地把学习作为目标的考评方式。总之，它们提供了一系列的范例，说明如果把产生真正成功的学习作为目标，好的考评看上去是什么样子。

进一步思考

1. 在本章中，你看到的哪些内容强化了你原有的信念？哪些内容对你原有的信念产生了挑战？

2. 在学校中使用“融入学习的考评”的障碍是什么？

第六章　利用考评鉴别学生的前概念[①]

正如我在第四章所述，学习是学习者试图解释新信息的意义并将其融入已有知识之中的互动过程。学生一直在思考，每时每刻都在质疑或者强化自己的想法。学生带着基于自己的经验和学习所形成的、与所讲授内容相关的信念框架来上课。教师在计划和实施有针对性的教学和课堂活动之前，需要了解每个学生的思想。海蒂（Hattie, 2009）提出，实现卓越教育的标志之一是教师了解每个学生的所思和所知，以便按照这些知识的指引去建构意义和有意义的经验。学生相信什么？考评任务让学生有机会从各自的见解出发来展示教师所试图了解的他们已有的知识和技能。教师需要对学生有详细的了解，以便能够预见到学生可能的回答，这是一种相当专业化而富有想角力的预测技巧（Black, 1998）。

在这样“观看”学生想法的过程中，教师遇到的主要挑战之一是存在着大量可以用来了解学生所思所想的方式，远不止于教师所知道的标准化考评。若把学习作为最终目的，教师应有意识地建立一些机制，让学生有机会依据各自的观点展示教师所试图了解的他们已有的知识和技能，以便教师能够了解现实中各个学生的想法。

---

① 本章原文的标题为“Using assessment to identify what they believe is true”，直译为“以考评鉴别什么是他们（学生）所信以为真者”，既拗口又难以理解。从文中可知这里所谓“学生信以为真者”指的是学生在进行学习之前所具有的想法和认识，因此套用大家比较熟悉的术语“前概念”，将本章标题译为“利用考评鉴别学生的前概念”。——译者注

台球桌的案例

在学年之初，一位中学数学教师使用他设计的一系列游戏去了解他的学生对数学课程中一些概念的认识和理解深度。其中一个游戏采用了改造过的台球桌来帮助他弄清楚学生对代数关系的想法，包括形式的和直觉的。在七年级和八年级的数学课上，他向学生出示了这样一个有四个袋子的台球桌图形（图 6.1）。

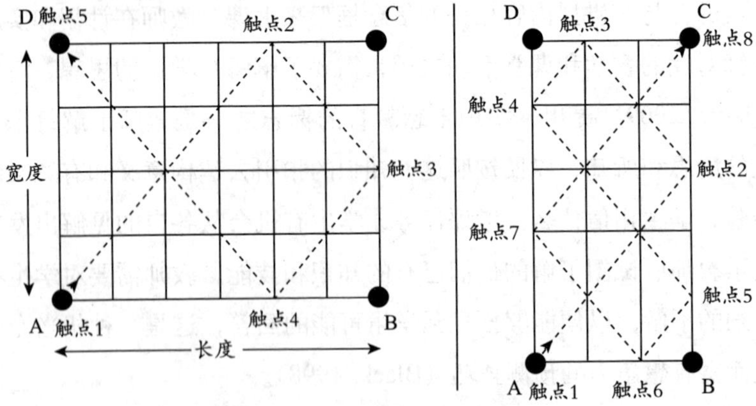

图 6.1　台球桌任务（Katz, 1999）

学生被告知，球总是从口袋 A 出发，沿着 45° 角的方向，在触碰到某一面台壁后，以同样的角度反弹，这样不停地运动直到最后滚进一个袋中。学生数球经过的方格数和触碰台壁的次数，第一次和最后一次的触碰点分别是作为起点和终点的袋子。要求他们用各种尺寸的桌子做实验并在表格上对观察结果进行记录（表 6.1）

表 6.1　触碰点的记录（台球桌任务）

长度	宽度	触碰点数	方格数
6	4	5	12
3	5	8	15
5	4		
3	2		
8	4		

学生一边收集数据（比我在表格中列举的数据组合多得多），一边根据他们所观察到的模型开始就触碰点的数量、方格的数量和球的落点进行预测。一些学生说出普遍关系，诸如“可以通过宽度和长度之和除以其最大公因子得出触碰点数”，或者“球经过的方格数总是宽度和长度的最小公倍数”。一些学生没能看出所存在的关系因而不停地计数以求得出答案。

在此期间，教师在教室里巡回观察，留意学生个人的想法。他时而驻足提问，针对的不是学生们记录的答案而是他们的步骤。他提示学生寻找模式并据此做出预测。其间他还在一本列有学生姓名的便笺本上做观察记录。他将依据这些信息决定后面的课该怎么教，以及接下来在不同结构的教学中如何对学生进行分组。对一些学生的教学进行得很快，用正规的代数方程符号表征他们所找到的一般模式。对其他学生，他用了大量的练习去帮助他们找出其中的模式，还以非常形象的方式将这些模式公式化。他非常明白将对现象的具体经验和直接感知转化为抽象表征的重要性。台球桌的任务给了他一个了解学生想法的窗口和对讲课、资源、分组、进度和节奏进行规划的起点。在他教新的概念时，所有这些都可能会发生变化。在他就所要做的事情进行决策之前，他需要再一次了解学生的所见所想和理解的情况。

从学生的前概念开始

学生在上学之前就有着关于世界的运作方式的前概念。如果最初的认识没有被触动的话，他们可能掌握不了新的概念和信息，或者可能出于眼前的需要（如测试）去记忆材料，但课后又回到以前的概念。通常这些前概念包括思维的定势和简化。它们对新的概念和信息的整合有着深刻的影响。除非教师真正弄清楚每个学生所相信的东西，正视他们关于这个世界的观念，否则学生将继续固守许多的错误概念，其中有些将使他们永远不可能真正理解那些基于这种先验知识的更复杂的现象。

考评是了解学生的前概念的窗口，用这种方式不仅可以了解学生知道什么，还可以了解他们相信什么。教师需要准确把握学生（个体或集体）所相信的是什么，以作为教学的出发点，始终监控学生观念的变化并对教学进行调适。错误是了解学生学习的窗口。了解学生不完全理解的东西、错误信念、错误概念和对概念的朴素解释为教师创造学习的条件提供了线索。应该在新的学习可能发生之前就设法解决前概念，尤其是在前概念与新知识不一致、学习者必须转变信念以适应新信息的情况下。除非教师能找到学生的信念并想出方法令学生认识到自己的想法有缺陷或过于简单，否则学生将继续固守他们原有的观念。

教师需要不断了解学生的所知，以及他们用来加工理解新概念的策略。通过把诊断性考评融入教学活动之中，教师可在保持考评任务完整的同时保障教学时间不至于被挪用（Shepard, 1989）。教师还可以进一步了解学生持有的概念。

沼泽地的案例

在一个地方学区，所有八年级的学生都参加了一次写作考评，题目是基于这个城市要在松软的土地上建一所新学校的真实决策。表 6.2 列出了学生的任务。

表 6.2　沼泽地任务

背景资料

近来某区教育局就一所新小学——舍伍德米尔斯公立学校——的建设提案进行辩论。提案的校址毗邻舍伍德米尔斯沼泽。在 20 世纪中，这里一直是许多湿地生物的栖息地。争论焦点是对新学校的需求和对湿地的保护。

任务描述

要求你完成如下任务：

- 收集有关舍伍德米尔斯沼泽的情况以及那个地区对社区学校需求的资料；
- 找出主要问题；
- 就区教育局是否应该推进舍伍德米尔斯学校的建设形成意见；
- 用示意图、图表或地图来充实你的观点，支持你的意见，包括以个人的经验来丰富你的论点；
- 对建设方案提出建议，验证你的答案；
- 写一篇文章，说明你的观点，支持观点的理由，你对建设方案的建议；
- 修改你的草稿，确认已经对自己的观点做出强有力的总结。

该学区使用表 6.3 所示的评估准则评定学生的写作成绩。这种典型的评分策略满足了学区的问责需要，也让学区的课程顾问和教师深入了解学生的书面语言需要关注些什么。

表 6.3　学区的写作评估准则

八年级的表现性考评——沼泽地任务				
特征 / 等级	1	2	3	4
表达	● 不能成功地引起注意 ● 文字表达缺乏诚意 ● 没有或几乎没有语气	● 在引起和维持注意方面不很成功 ● 文字表达说服力和诚意不足 ● 语气不明显	● 在引起注意方面较成功 ● 文字表达略有说服力和诚意 ● 语气较有效（例如，能激发情绪）	● 成功地引起并维持注意 ● 文字表达有说服力和诚意 ● 语气有效（例如，带有情感）
组织	● 谋篇布局缺乏逻辑，影响理解 ● 缺少明确的引入和 / 或结尾 ● 缺少过渡 ● 没有段落	● 谋篇布局略有逻辑但很弱 ● 引入和 / 或结尾不很明确 ● 过渡不充分 ● 段落稀少	● 谋篇布局逻辑适当 ● 引入和结尾适当且相互关联 ● 过渡恰当 ● 全文中部分地方缺少段落	● 谋篇布局逻辑严密 ● 引入和结尾有力有效 ● 过渡适当且熟练 ● 段落划分恰当
思想与内容	● 主要思想 / 目的不清楚 ● 离题 ● 简单化 ● 信息不准确 ● 与资料不衔接	● 主要思想 / 目的可以识别 ● 有中心但有问题 ● 有落入俗套 ● 对细节的支撑重复，无关联 ● 与资料衔接不好	● 主要思想 / 目的较清楚 ● 有中心但有点缺陷 ● 较有趣 ● 对细节的支撑较准确 ● 与资料衔接较好	● 主要思想 / 目的非常清楚 ● 中心突出 ● 有趣、原创、深刻 ● 对细节的支撑准确 ● 与资料衔接自然
规范	● 没有掌握相应年级的规范 ● 高级规范的掌握极少	● 基本掌握相应年级的规范 ● 高级规范的掌握不连贯	● 较好地掌握相应年级的规范 ● 高级规范的掌握较好	● 很好地掌握相应年级的规范 ● 高级规范的掌握很好

续表

八年级的表现性考评——沼泽地任务				
特征 / 等级	1	2	3	4
语言的有效使用	● 语病多 ● 句式长短 / 结构单一 ● 用词有限 ● 几乎没有使用修饰语	● 有一些语病 ● 句式长短 / 结构几乎不变 ● 用词不多 ● 偶尔使用修饰语	● 语言较流畅、通顺和自然 ● 句式长短 / 结构有些变化 ● 用词较为准确 ● 较成功地使用修饰语	● 语言流畅、通顺和自然 ● 句式长短 / 结构多样 ● 用词准确 ● 成功地使用修饰语

有一位教师，也是一位聪明的研究生，进一步推进了这个过程。她认为，教师需要了解写作的过程以帮助学生前进。对她来说评分细则中的信息是有用的，但还不足以让她弄清楚学生接下来需要什么。她用格隆伦德（Gronlund, 2000）教育目标分类中的认知领域，以及马扎诺和他的同事（Marzano, Brandt, Hughes, Jones, Presseisan, Rankin, & Suhor, 1988）的核心思维技能设计了一个用于考虑学生的应答与他们的学习（和教学）需求的关系的机制。

表 6.4 是她开发的复合组织工具①。

① 复合组织工具的英文原文为“the combined organizer”。“组织工具”这一术语原为奥苏贝尔根据有意义学习理论提出的概念“advance organizer”，指在学习新材料之前用一种引导式的材料将外界的新信息与学习者原有的知识结构联系起来，帮助学习者接纳新的信息，或对自己原有的思维框架进行重组或重构，从而成为学习理解新信息的支架。现在普遍被用来指那些可以协助信息接收者组织、整理和理解所接收到的信息、必要时还对原有的思维结构进行重组的中介物（因子）。详细请参考高凌飚著《中学物理课程论》（广东教育出版社 1995 年版）。——译者注

表 6.4 沼泽地任务和教育目标的认知领域（Gronlund, 2000）与核心思维技能（Marzano et al., 1988）之间的关联

沼泽地任务中的问题	问题所要求的认知领域类别	问题所要求的核心思维技能
1. 收集有关沼泽地的情况以及社区学校需求的资料。	知识：记住先前学过的材料 ● 回忆与环境问题相关的信息（包括适当的词汇） ● 能识别、界定和描述有关环境问题的事实 理解：领悟材料的含义 ● 找出主要问题 ● 通过对在阅读材料和讨论中所呈现的事实进行总结、排序、归纳、推理、解释和拓展，展示出对事实和原理的理解	信息收集：从观察中获取信息，并通过探究澄清问题和含义，进而明确地表达问题 ● 记忆：用于检索相关信息的活动和策略 ● 激活有关的环境和/或湿地问题的先验知识 组织技能：用于整理信息，以便理解或有效地呈现 ● 比较和辨别信息的异同，进行分类，使信息有意义且学生能建立与信息的个人联结
2. 找出主要问题。	理解：领悟材料的含义 ● 通过释义，预测和推断来展示对事实和原理的理解 ● 能够估计隐含在阅读材料、数据、网页中的观点结论	分析技能：通过检查各个部分及其相互关系澄清现有信息 ● 确定在环境敏感的土地上搞建设以及建社区学校这两个问题的关键要素 ● 确定主要观点 聚焦技能：界定问题以澄清混乱的情形 ● 问题的陈述是什么 ● 谁遇到问题——是什么使之成为问题 ● 举例

续表

沼泽地任务中的问题	问题所要求的认知领域类别	问题所要求的核心思维技能
3. 就区教育局是否应该推进舍伍德米尔斯学校的建设形成意见。	应用：将所学到的材料应用到新的具体情境中 ● 将概念和原理应用到新的情境中 ● 对关系和后果做出预测	分析技能：通过检查各个部分及其相互关系澄清现有的信息 ● 从讨论、主要的文章、初级和次级来源中确定关系和模式
4. 用示意图、图表或地图来充实你的观点，支持你的意见。包括以个人的经验来丰富你的论点。	分析：将材料拆分为各个部分从而显示其组织结构 ● 辨认推理方面的逻辑错误 ● 区分事实与虚构 ● 评估可用信息或数据的适切性 综合：整合各个部分以创建出新的整体 ● 通过汇总从各种可靠来源收集到的信息来得出结论 ● 把各种构想的学习融入解决问题的方案中	生成和整合的技能：运用先验知识以增加主要和次要来源之外的信息 ● 体验的和/或个人的联系 ● 运用归纳（基于对各种案例的观察或分析所做的概括和逻辑的陈述）或演绎思维（以逻辑的方式拓展现有的原理或观念的能力）进行推断 ● 根据已有知识、课堂讨论、阅读材料等对结果进行预期（预测）。增加细节、解释、事例或其他相关信息以支撑/完善理解（详尽描述），表明学生能够将新信息与原有的经历和知识联系起来

续表

沼泽地任务中的问题	问题所要求的认知领域类别	问题所要求的核心思维技能
5. 对建设方案提出建议。验证你的答案。	综合：整合各个部分以创建出新的整体，强调创建新模式或结构 ● 通过汇总从各种可靠来源收集到的信息来得出结论 ● 把各种意念的学习融入解决问题的方案中 ● 将与主题或观点有关的信息进行分类、汇总、重构、叙述、改组、修订、改写或总结 评价：依据设定的目的判断材料的价值，含有用以判断的一套标准（预定的或独立获得的） ● 对相关的信息进行鉴定、比较、总结、对比、描述、分辨、解释或判断以形成具备有效证据的观点	分析技能：通过检查各个部分及其相互关系澄清现有的信息 整合技能：将与解决方案相关的部分组合起来的能力 ● 将新信息与先验知识联系起来以产生有意义的联系 评价技能：能够衡量观点的合理性和质量 ● 观点的证实——基于可靠的主要来源的信息确认或证明观点的真实性的能力
6. 写一篇文章，说明你的观点，支持观点的理由，你对建设方案的建议。	综合：整合各个部分以创建出新的整体，强调创建新模式或结构 ● 通过汇总从各种可靠来源收集到的信息来得出结论 ● 把对各种观念的学习融入解决问题的方案中	整合技能：将与解决方案相关的部分组合起来的能力 评价技能：能够衡量观点的合理性和质量 ● 建立标准——能够建立标准以判断观点的价值或逻辑

续表

沼泽地任务中的问题	问题所要求的认知领域类别	问题所要求的核心思维技能
6. 写一篇文章，说明你的观点，支持观点的理由，你对建设方案的建议。	● 将与主题或观点有关的信息进行分类、汇总、重构、叙述、改组、修订、改写或总结 评价：依据设定的目的判断材料的价值，含有用以判断的一套标准（预定的或独立获得的） ● 对相关的信息进行鉴定、比较、总结、对比、描述、分辨、解释或判断以形成具备有效证据的观点	● 通过多个可靠的消息来源检查事实的准确性 整合技能：将与解决方案相关的部分组合起来的能力 ● 重组——引入可能挑战旧信念、概念的新信息——学生主动地修改、扩展并认识到先前所持有的信念可能是有缺陷的或无效的
7. 修改你的草稿，确认已经对自己的观点做出强有力的总结。	综合：整合各个部分以创建出新的整体，强调创建新模式或结构 ● 通过汇总从各种可靠来源收集到的信息来得出结论 ● 把各种意念的学习融入解决问题的方案中 ● 将与主题或观点有关的信息进行分类、汇总、重构、叙述、改组、修订、改写或总结	整合技能：将与解决方案相关的部分组合起来的能力 ● 归纳信息的能力

使用这个框架进行分析，她可以了解更多的信息，弄清学生如何思考，教师能够做些什么以帮助学生学得更好。设想一组教师在

考评中收回学生的试卷，集体批阅学生的试卷，以上述方式对每个学生进行详细诊断记录，作为出发点规划下学期的教学并确保学生获得他们所需要的帮助。我以一个学生的论文（当然用化名）为例说明他们能学到什么。乔纳森致编辑的信展示在表 6.5。

表 6.5　乔纳森的信

Final Draft Of Article

The city of ______, and the ______
District School Board, have been debating
the proposal of a new elementary school.
The elementary school's site is to be on
the ______ wetlands site, which is
home to verly rare, flora and fauna, and
has been for the past century. This decision
will be based on the need for the new ______
school, and the preservation of the ______
wetlands.

I am strongly against the proposal
to build this new school where the
wetlands stand. The bog should be preserve
d for natural history. It holds quiet a bit
of geological history. It carbondates to a
melting glacier some 12,000 years ago.
Also, it is home for a lot of very rare
flora and fauna, which cannot be found
in anyother place in Ontario and
______.

The ______ wetlands existed from
the time of mammoths and mastodons,
with being the only ______ location
for over 21 native plants and other species,
It is like an outdoor museum and it
is educational for present and future
generations, Also it is a "priceless legacy".

The ______ wetlands is a high
quality habitat and one of only two
provincially signifigant wetlands in
the city of ______.

The wetlands are signifigant due to the
rareity in its region. Proof of its signifiga-
nce is that it is the only place in
______ which has gooseberry bushes,
Tamaracts and mud flat. It is also
home to the Northren Harrier and the
Short-eared Owl.

The bog is 12,000 years old, Paul Haysai,
a botany at ______ College, says to
have "the mud to prove it".
James Bradley, an Enviroment minister,
proposed that it could be a "three way
participation" which would result to preserv
ing the wetlands and the buffer zone.
Gary Gallon, who is an assistant of James
Bradley, says the cost of bringing property
into public hands, would be alot less
than the original cost of $54 million
dollars.

Dr. McAndrew's, who is a professor of
botany and geology, and the Curator of
botany for the Royal Ontario Museum,
says that a lot of questions can be
answered by the study of the wetlands.
Beth Bremner and Herb Rich say that
the wetlands are "unbelievably unique",
they also said that "they benefit to
science, schools and public is truly
obvious".

The CVCA want the rare flora and
fauna to be re-examined and re-evalu-
ated. The citizen's committee recommend
a "mediator". Local politicians should
visit the bog before making a final
decision. There should be a re-evaluation
based on information from a botanist. It
could go to the OMB for final agreement
seeing as it is taking over 10 years to
make a decision. Local support from the
community could make a difference. Arranging
a land swap could work out as well.

The ______ wetlands should be
preserved for educational reasons. It is
very interesting to have all the rare
flora and fauna to learn about, and
we need some kind of natural resource
in our city, rather than buildings
and what not.

作为他们集体规划会议的一部分，一组教师使用学区的写作要求评析了乔纳森对问题的回答以及他的最后一封信，仔细地审议了他的思想（见表 6.6）。

表 6.7 提供了他们基于上述的框架观察到的差距。

表 6.6　用学区写作要求评定乔纳森的成绩以及理由

学区写作要求与学生得分	评分的理由	来自学生作文中的样例
表达 2＋	● 在引起注意方面还算成功 ● 做了说服的努力，但文字很呆板没有说服力 ● 只有最低水平的语气……只是在唤起读者的反应（例如，增加知识、理解、顿悟、观点或态度的转变）方面有点效果	“I am strongly against the proposal for a new school where the wetlands stand. The bog should be preserved for natural history. It holds quite a bit of geological history… home for rare flora and fauna…”
组织 2＋	● 整篇文章有分开段落，但个别段落没有分开，或段落的起始位置不对 ● 过渡不明显 ● 结构有点依据（有时不连贯） ● 有引入和结论但很弱且不完全相关 ● 引入只是原有问题的重组	“The city and the district school board have been debating the proposal of a new elementary school… decision will be based on the need for a new school, and the preservation of the wetlands.” (intro) “The wetlands should be preserved for educational reasons. It is very interesting to have all the flora and fauna… rather than buildings and what not.”

续表

学区写作要求与学生得分	评分的理由	来自学生作文中的样例
思想和内容 2	● 呈现了一些事实，但观点不突出 ● 作者泛泛地停留在话题上，没有发展成一个明确的主题 ● 论文陈述了观点，但没有拓展或给出理由以支撑其观点，也没有用进一步的解释（个人的经历或文献）来发展其观点 ● 孤立地呈现事实……与所述的观点并不总是相关 ● 没有提及反对的观点 ● 论文包含许多来自指定的阅读材料的信息，但没有很好地对资料来源进行整合 ● 尝试将一些信息联系起来，但由于观点不完整且不充分（解释有限），信息之间的关系没有明确地建立起来	“I am strongly against the proposal to build this new school… Paul Maycoct, a botany expert at the university, says to have ‘the mud to prove it.’ James Bradley, an Environment minister, proposed that it could be a ‘three-way participation’, which would result in preserving the wetland and the buffer zone… Beth Bremner and Ruch say that the wetlands are ‘unbelievably unique’, and they also said that ‘the benefit to science, schools, and public is truly obvious.’ ”

续表

学区写作要求与学生得分	评分的理由	来自学生作文中的样例
规范 3	● 与年级相适应的拼写、标点和语法的规范的掌握还算不错（对同音异义词或同形异义词有点困难） ● 与更高级的规范不太一致，例如，所有格的正确使用，各种从句的使用等 ● 按要求的规范作最小的或适度的修订 / 修正	“The elementary school’s site… holds quite a bit of geological history.”
语言的有效使用 2	● 文字表达还算流畅，但有时会出现重叠影响文字的顺畅 ● 词汇和词语的选择直接来自阅读材料，但在学生作业中的使用有时笨拙或不适当	“The CVCV want the rare flora and fauna to be re-examined and re-evaluation. The citizen’s committee recommends a ‘mediator.’ Local politicians should visit the bog before making a final decision. There should be a re-evaluation based on information from a botanist. It could go to the OMB for final agreement seeing as it is taking over 10 years to make a decision. Vocal support from the community could make a difference. Arranging a land swap could work out as well…”

表 6.7　根据乔纳森·史密斯的沼泽地任务的详细分析所确定的差距

学生在学习方面的差距（依据标准参照的评分表）

组织

- 有一些结构的证据（有时结构不连贯）
- 有引入和结论，但较弱，而且不完全相关
- 引入只是原有问题的重组

思想和内容

- 呈现了一些事实，但观点不突出
- 作者泛泛地停留在话题上，没有发展成一个明确的主题
- 论文陈述了观点，但没有拓展或给出理由以支撑其观点，也没有用进一步的解释（个人的经历或文献）来发展其观点。
- 孤立地呈现事实——与所述的观点并不总是相关
- 没有提及反对的观点
- 论文包含许多来自指定的阅读材料的信息，但没有很好地对资料来源进行整合
- 尝试将一些信息联系起来，但由于观点不完整且不充分（解释有限），信息之间的关系没有明确地建立起来

语言的有效使用

- 文字表达还算流畅，但有时会出现重复影响文字的顺畅
- 词汇和词语的选择直接来自阅读材料，但在学生作业中的使用有时笨拙或不适当

学生在学习方面的差距（结合沼泽地任务）

- 在收集关于保护环境独特的地区和在高速发展的地区建设学校的需要这两个问题的信息方面有困难
- 关于在学生对湿地、环境问题等的理解中是否存在歧义的问题（先验知识）
- 在鉴定主要问题上存在困难
- 表达意见——用所提供的读物中随意陈述的内容来支撑观点——没有结合个人的经历
- 意见不成立
- 没有提出建议——参考阅读材料，但没有就为什么不应该支持湿地上的建筑提出具体的建议。

续表

学生在学习方面的差距（结合认知领域和核心思维技能） ● 回忆、解释、扩展有关环境问题的事实的困难——没有经验或个人的链接（知识、理解、信息收集和组织能力） ● 领悟所呈现的材料的意义以及整合各种来源的材料作为支撑的证据以确定主要问题的困难（理解、分析技能、聚焦技能） ● 陈述了一个明确的意见，但在用现有的资料支持这个意见的困难——孤立呈现事实，没有从资料来源上很好地进行整合（分析技能、生成和整合技能、分析） ● 从讨论和重要文章中识别关系和模式的困难（应用、生成和整合技能） ● 整合相关的信息（先验知识和新信息）以形成有意义的连接的困难（评估和综合；分析技能、评估技能和整合技能）

根据他们的分析，教师们给乔纳森的教师提出了一系列的建议，如表 6.8 所示。

表 6.8 进一步指导乔纳森的建议

● 采用图形组织工具（知道、想知道、学会）激活先验知识，以确定学生已知的或所信以为真的内容。 ● 关于如何将先验知识与新的信息结合起来的教学——恰当的思考角度。 ● 识别在各种不同情境中使用的关键术语和短语，重点放在那些与所讨论的主题相关的术语——例如，在讨论阅读材料的过程中，通过讲解明确“自然保护区，历史场地” ● 讲授如何使用相关的事实支持所陈述的观点，说明事实可以有以下几点作用： ○ 信息的内容的详细说明 ○ 传递与人物、地点有关的问题等信息 ○ 维系论据 ● 讲解如何使用因果联系以加强他们对生态系统脆弱程度的理解和自然栖息地变化的影响。

这两个例子都为有目的地运用考评了解学生思维提供了启示。这些过程都经过精心策划以提供详细的信息，而且考评、课程目标、计划和教学都是没有破绽的。这个过程是动态的，教师可以不费力地从上一环节过渡到下一环节，重点是确认他们已经知道些什么，需要知道些什么，以及教师和学生为了支持每个学生的学习能做什么。

进一步思考

分析你使用过的考评任务，识别任务所要求具备的先行学习。检查学生的答卷，找出他们在完成任务过程中表现出错误概念或缺乏先行知识的地方。你还需要什么信息？如何获得你所需要的信息？你会采用什么教学策略为每个学生搭建学习的脚手架？

第七章 利用考评激发学习动机

动机一直是学习中的核心因素。很简单，动机会影响学生愿意投入任一任务的时间和精力。然而我们目前了解的学习动机中有许多与以往的民间智慧相悖。我们的动机观受20世纪60年代和70年代的行为主义心理学的影响很大。这个理论描述了奖励和惩罚如何导致行为的增强或消失。在学校中这一理论已经被转化为教学实践，通过奖励鼓励学业上的产出行为，或通过惩罚削弱这种行为。这一理论深深植入课堂的运作之中，差不多成了毫无疑问的“真理”。考评成为一种以等级分数的形式进行奖惩的机制（Stiggins, 2001）。分数一直扮演着最主要的动机激发者的角色，但研究人员发现，分数和动机之间的关系既不简单更难以预测。分数可以激励一些学生，也可以使一些学生失去动力（Stiggins, 1997）。通常表现出色的学生会由于成功和奖励而受到激励，相伴而来的是下一次依然做得好。通常表现不太好的学生可能贬低考评过程的价值，甚至贬低学校的价值来逃避失败的可能。还有什么能比考试失败更糟糕的吗？我猜是下了功夫但仍然未能通过测试。如果学生不做任何的努力，他们至少可以保全面子。

> “推动学生学习和提高学术自我价值的考评是在课堂上进行的考评。”
>
> 斯蒂金斯
>
> （Stiggins, 2001）

考评的激励作用

动机对于艰苦的学习至关重要。即使学生发现内容有趣、活动令人愉快，学习也需要持续的专注和努力。任何新学习的认知欲望都是有代价且需要补偿的。考评可以是动力，不是通过奖励或惩罚，而是通过激发学生的内在兴趣，为他们提供进行探险所需的方向和信心。当学生没有实现目标的工具或能力时，他们就像踩破薄冰落水的人那样：如果无力自己挣扎出来，只能用手挂住自己等待救援。增强学生的本领和促进学习需要从信心和能力两方面着手，前期的成功和能够实现愿景的预感对这两者都很重要（Wiggins, 1998）。成功和能力激励人们去学习。当学生感觉自己拥有自主权，有机会选择自己的学习，就有可能投入更多的时间和精力。考评以强调进步和成就而不是失败来提高学生的动机，提供反馈来推动学习，加强学生对他们的学习的控制和责任感，建立对学生的信心，使他们可以并需要承担风险。考评可以推动这一进程，让学生感到学习是与自己相关的，学习可以引发想象力，从而增强学习的动力，并为他们搭建真正成功所需的脚手架。

适切的考评

当考评调动起学生的兴趣、热情和才能，并具体形象地描绘他们未来的世界时，就更有可能吸引和激励他们，使学习本身成为动力。通过在课程、教学、考评和学生的日常生活之间建立联系——无论是关注与李尔王相似的行为，还是将莫扎特的生活与当前的流行音乐作家的生活加以比较，这些活动都可以使学生参与其中并吸引他们从中学习。考评并不孤立，它与教学及学习交织在一起，为学生建立起联系，强化他们的知识，挑战他们的思维。

有想象力的考评

孩子们有着生动活泼的想象，这让他们在心目中看到现实生活中看不到的许多可能性。允许有一系列不同解决方案和途径的开放式考评可以利用这种天然的兴趣和热情让学生投入批判性的推理，解决复杂问题，运用他们的知识在不同事物之间建立新的联系，或者以可能会被错过的方式看待事情。认为已知的思想稳定而不可挑战的人越来越少，想象力对学生来说是一种重要的能力，因为他们面对的其实是这样一个世界——到处充满着混乱，看似无法解决的问题在等待人们去清理、探索和尝试解决。

为学习搭脚手架的考评

学生非常清楚，他们很可能在未来面临挑战和未知数。他们需要确信可以处理所遇到的任何事情。在一个提供适度的挑战的情境中他们学得最好。当任务太难时，学生可能感到威胁而转为自我保护。当任务太简单时，学生可能觉得任务无聊而变得漫不经心（Jensen, 1998）。当期待学生冒险进入未知的境界时，如果他们知道如何入手，而且得到支持以使他们达到新水平的话，这样的任务就是具有适度挑战性的。这就是维果茨基（Vygotsky, 1978）所说的最近发展区——即学习者在获得支持的情况下，能够以合理的努力成功地跨越障碍而达到的能力区域。在最近发展区中，学生陷入了困境，但他们能够考虑各种可能，设法让自己脱困。考评可以作为工具，防止新的学习因为过于晦涩、艰难或复杂而使得大多数学生失去兴趣或感到费解。当学生的错误和失误被视为正常学习的一部分，得到及时反馈，有机会重新思考和重做作业，当考评旨在为学生提供进步的机会并允许他们继续投入任务的时候，动机就增强了。当考评旨在让学生和教师深入了解他们能够像在指导之下那样独立完成什么任务的时候，学生会去寻求帮助，教师能够在学习过程之中而不是在教学结束之后，给予学生帮助。当教师在教学过程中进行干预时，学生有机会在教师指导下观察、模仿并尝试复杂的技能。这种考评必须发生在教学与学习的进程之中。这种考评能够（而且应该）是个性化的和有针对性的。为什么？因为这种考评为教师创造绝佳的机会去教导学生所需要的知识，并提供有针对性的反馈来推动他们的学习。有时，这种考评甚至催生了心流——学生十分专注地投入任务之中，心无旁骛(Csikszentmihalyi, 1990)。

《奥赛罗》的案例

使大多数英语教师懊恼的是，学生经常认为莎士比亚的戏剧古老和乏味，与他们的生活没有任何的关系。将莎士比亚的作品活灵活现地呈现给学生是一个长期的挑战。在这个小故事中，一位教师以考评为途径吸引学生投入到《奥赛罗》之中，挑战他们的分析能力并运用考评来检查学生个人和集体在阅读剧本过程中理解和分析人物的技能。

表 7.1 中描述的是分派给学生的任务。

表 7.1　关于《奥赛罗》剧中人物的形象的学生作业

《奥赛罗》剧中各个角色的形象
角色的形象 在整出戏中，各种角色引起你的同情，激起你的愤怒，导致你的无奈，或引发你的满足感。事实上，许多角色在整场戏中都能引起观众许多的回应。这取决于剧作家创造人物的能力——使静态的角色发展成为富有情感和理解力的人，从而使其欲望、动机和行为容易得到观众的理解和相信。真实的人物必须在冲突、人际关系、背后推手和情节发展的框架内演绎。每一个这样的元素都提供了一个渠道让剧作家揭示角色的本性，观众得以理解、思考剧中角色，甚至判断人物的功过得失。 每个学生都已分配到了剧中的某一特定场景中的一个角色。
任务 每人做一个角色人物分析，特别留意各自的场景，确定角色如何发展或如何深入展示给观众。你们可以将有关角色人物在之前情境下披露的信息应用到各自的场景中，但探究和分析的重点应限定在这一场景本身。更具体地说，应该重点关注该场景中有助于展示角色人物的三个方面：戏剧功能、关系和语言。
● **戏剧功能**：在这一探究领域，你的兴趣在于如何利用人物角色来推动行为或冲突向前发展，或协助情节的发展。你需要问及有关人物的作用，并确定这种作用应该如何在此场景中出现。可能涉及的问题：你的角色与戏剧中的核心事件有什么关系？该角色如何发挥作用以支持核心事件、主题或冲突？你的角色与剧中其他角色的关系是什么？他或她是另一个角色的陪衬吗？如何从你的角色的本性出发塑造或激励该角色所应有的行为和反应呢？ ● **关系**：这一探究领域需要通过观察人与人之间的行为和态度来考察角色。与他人有关的角色人物通常最好理解。这样就可以让观众通过角色在各种情况下与他人的互动做出价值判断。需要考虑的问题：你如何界定你的角色人物的主要态度？是什么潜在的情绪激发你的角色的行为？在你的场景中显示出什么态度或观点？这些与你先前对他或她的本性的理解是否一致？你的角色人物从序幕开始有些什么变化，你预见到更多的变化吗？哪些角色对你的角色影响最大？为什么？

续表

《奥赛罗》剧中各个角色的形象
● **语言**：剧作家用来创造舞台上栩栩如生的人物和场景的力量在于驾驭语言的能力。莎士比亚的诗（请记住，莎士比亚称自己为“诗人”，而不是“剧作家”）有助于揭示他的角色，尤其是考虑到他使用的一系列文学手法。他使用隐喻和明喻。他使用押韵。他还使用语气和措辞。需要考虑的问题：莎士比亚用什么文学手法来揭示你的角色的本性？措辞的选择与你的角色的身份地位、态度、教育、情感、智慧、幽默等有什么关系？请问这些有变化吗？如果有变化，为什么？角色人物的语气如何被理解为他或她的本性的反映？为什么？
最后，当我们作为一个集体，在课堂阅读的过程中读到这个特定场景的时候，你要向班上的其他同学口头汇报你的观点。在课堂汇报前的一个星期，你将与我会面并宣布你对你的角色人物的发现。每次会面约 15 分钟，你应该准备 5 到 10 分钟的材料供我们讨论。会面之后你和我将使用附件的评分准则来检查角色人物的形象。我们将在随后一天见面讨论我们的观点，你可以使用此反馈来准备课堂汇报。

这项任务旨在让学生对不同的角色进行深入思考，付出个人的努力以更好地理解这些角色。教师预先选定角色和场景，确保讨论到戏中出现的所有角色。从更为切实可行的角度而言，教师还可以预先安排学生的汇报以及预先与学生进行个别讨论以便于管理。这项任务并不是一件轻而易举的工作，需要一定的先期指导和练习，以便学生做好准备。他们已经学习了戏剧及其结构，伊丽莎白一世和詹姆斯一世时期的社会政治结构和文化价值观，以及运用文学术语和文学策略创造出生动的形象并引导观众的方式。教师还为口头展示和支持他们的评述准备了许多“组织工具”。

《奥赛罗》这一单元不仅仅关乎揭示角色的形象，这个旨在激发学生的动机并促进他们学习的考评过程，使教师得以了解个别和全体学生的思想和理解。会面讨论与教师在课堂中的持续观察和提问相结合，为调整教学进度、复习或重新讲解概念、集体的问题解决或任何小组认为有需求的事情，提供了巨大的空间。

表 7.2 给出了教师和学生在初次讨论之后所用的评分准则。随后的第九章将详细讨论评分准则。请注意这一细则对这个作业中要“寻找”的内容做了非常详细的描述，作为讨论和澄清的基础。没有任何迹象表明这位教师打算将这个评分准则用于作业的分等或评分。它是讨论的一个工具，同时能够辅助学生完善他向全班同学所做的公开汇报。

表 7.2 角色形象评估准则

评分等级	戏剧功能	人物关系	人物语言
5	● 广泛深度利用相关文本，清晰地识别，深刻、全面和自信地解释人物角色对场景中的事件、冲突或行动的反应。 ● 广泛深度利用相关文本，清晰地识别、深刻全面和自信地解释人物角色在场景中的行为的动机。 ● 广泛深度利用相关文本，清晰地识别、深刻全面和自信地解释人物角色对冲突和/或情节发展的贡献。	● 广泛深度利用相关文本，清晰地识别，深刻、全面和自信地解释人物角色对其他人物角色的态度。 ● 广泛深度利用相关文本，清晰地识别、深刻全面和自信地解释人物角色与其他人物角色的历史和发展中的关系。 ● 广泛深度利用相关文本，深刻地理解人物角色的行动及其对他人的反应背后的动机。	● 利用文本中的三个有效的例子，清晰地识别，深刻、全面和自信地解释人物角色的措辞如何反映出他或她的身份地位和观点。 ● 利用文本中的三个有效的例子，清晰地识别、深刻全面和自信地解释文学手段如何用于反映人物角色态度或观点。 ● 有效地运用场景的开头、中间和结束时的语言，清晰地识别、深刻全面和自信地解释反映人物角色发展阶段的语气一贯性或变化。

续表

评分等级	戏剧功能	人物关系	人物语言
4	●利用相关文本，清晰地识别、全面地解释人物角色对场景中的事件、冲突或行动的反应。 ●用相关文本，清晰地识别、全面地解释人物角色在场景中的行为动机。 ●利用相关文本，清晰地识别、全面地解释人物角色对冲突和/或情节发展的贡献。	●利用相关文本，清晰地识别、全面地解释人物角色对其他人物角色的态度。 ●运用相关文本，清晰地识别、全面地解释人物角色与其他人物角色的历史和发展中的关系。 ●利用相关文本，全面地理解人物角色的行动及其对他人的反应背后的动机。	●利用文本中的三个相关的例子，清晰地识别、全面地解释人物角色的措辞如何反映出他或她的身份地位和观点。 ●利用文本中的三个相关的例子，清晰地识别、全面地解释人物角色文学手段如何用于反映人物角色的态度或观点。 ●利用场景的开头、中间和结束时的相关语言，清晰地识别、全面地解释反映人物角色发展阶段的语气的一贯性或变化。
3	●利用一些与人物角色或事件相关的文本识别和解释人物角色对场景中的事件、冲突或行动的反应。 ●利用一些与人物角色或事件相关的文本识别和解释人物角色在场景中的行为动机。	●利用一些文本，识别和解释人物角色对其他人物角色的态度。 ●用一些文本中的人物角色或事件识别和解释人物角色与其他人物角色的历史和发展中的关系。	●至少利用文本中的两个例子，识别和解释人物角色的措辞如何反映出他或她的身份地位和观点。 ●至少利用文本中的两个例子，识别和解释文学手段如何用于反映人物的态度或观点。

续表

评分等级	戏剧功能	人物关系	人物语言
3	● 利用一些与人物角色或事件相关的文本识别和解释人物角色对冲突和/或情节发展的贡献。	● 用一些文本中的人物角色或事件恰当理解人物角色的行动及其对他人的反应背后的动机。	● 运用场景中的两个部分的语言，识别和解释反映人物角色发展阶段的语气的一贯性或变化。
2	● 部分地识别或解释人物角色对场景中的事件、冲突或行动的反应。 ● 只是部分地识别或解释人物角色在场景中的行为动机。 ● 部分地识别或解释人物角色对冲突和/或情节发展的贡献。	● 部分地展示文本中的人物角色对其他人物角色的态度。 ● 部分地识别或解释人物角色与其他人物角色的历史的和发展中的关系。 ● 部分理解人物角色的行为及其对其他人物角色的反应背后的动机。	● 利用文本中的一些语言，部分地识别或解释人物角色的措辞如何反映出他或她的身份地位和观点。 ● 利用文本中的一些语言，部分地识别或解释文学手段如何服务于反映人物的态度或观点。 ● 利用文本中的一些语言，部分地识别或解释反映人物角色发展阶段的语气的一贯性或变化。
1	● 无法识别或不能解释人物角色对场景中的事件，冲突或行动的反应。 ● 无法识别或不能解释人物角色在场景中的行为动机。	● 不能连贯地展示文本中的人物角色对待其他人物角色的态度。 ● 无法识别或不能解释人物角色与其他人物角色的历史和发展的关系。	● 不能识别或解释人物角色的措辞如何反映出他或她的身份地位和观点。 ● 不能识别或解释文学手段如何服务于反映人物的态度或观点。

续表

评分等级	戏剧功能	人物关系	人物语言
1	● 无法识别或不能解释人物角色对冲突和/或情节发展的贡献。	● 几乎或完全没有理解人物角色的行为及其对他人的反应背后的动机。	● 不能识别或解释反映人物角色的发展阶段的语调的一贯性或变化。

这个例子说明，考评可以是激励性的，通过传达有意义的标准来聚焦和指导教学和学习，洞悉学生对于标准的理解，并及时提供具体的反馈意见，指明下一步学习的方向。

非管理视角的考评①

教师需要牢记另一个动机问题。外部考评和定期报告可能使学生失去动机。学生一进入学校就被长期作为考评地点的学校所社会化，他们接受学校的评判并被贴上标签，这通常会给他们带来重要影响（从父母的反应到升入高一级学校）。这些因素使学生将注意力集中在达标而不是学习对个人的益处之类看不见摸不着的东西上。对于一些学生来说，肯定可以得到的赞誉和成功已经变成了“毒品”；他们要的会越来越多。对于其他许多学生来说，年复一年的“不够好”的评价已经削弱了他们对自己智力的自信，导致了一种麻木的心态。

① 本节标题英文原文为“Assessment to reverse socialization”，直译为“与社会化反向的考评”。这里作者抨击的是传统的外部考试对学习和发展的不利影响，这远非“社会化”的全部，也不是“社会化”的核心。作者所指的是社会把通过考试甄别学生作为一种社会责任加给学校和教师，这实际上是从管理的视角来认识考评的功能，这样的考评当然带来许多对学生学习不利的影响，这是作者所反对的。为避免误解，现按这样意思翻译为“非管理视角的考评”。——译者注

教师可以用考评来促进学习动机，而不仅仅是让学生考试过关。但打破旧习惯并不容易。相反，这将是一个逐步积累的漫长过程，伴随着挫折和失败。不过我认为这是值得的。当考评被整合到学习过程中，学生和教师可以带着共同的期望一起努力寻找有意义的事情。这样做可以发挥学生天生的好奇心，鼓励他们投入获得知识或技能的工作中。

然而我必须重申，这个过程需要时间。这么急剧的改变不可能一蹴而就。涉及教学的重要时期和人对考评的个人反应，任何有意义的重组都需要时间，但教师、学生和家长可以养成认真对待学习、认识考评促进学习的价值并将考评视为积极经验的意向和习惯。像所有的社会化活动一样，这样的重组是渐进的，需要在多种考评的经验中逐渐实现。

传统的关注学习的考评不太可能消失，也不应该消失。诀窍在于确保学生对他们自己和他们的学习存在其他不同的认识，并使这些不同的认识被重视和分享，以平衡传统的关注学习的考评带来的影响。从长远来看，促进学习的考评和融入学习的考评应不断鼓励学生发展学习动机，成为长期倾向。

进一步思考

1. 以你的考评策略作为样例。它们的适切性如何？它们在多大程度上激发了学生的想象力？它们为学生提供了哪些信息以支撑他们的学习？

2. 如何进行修改以使它们能更好地激发学生的学习动机？

3. 你对以考评激发动机进行讨论之后，可能在你的课堂考评中做些什么改变？

第八章　利用考评连接学习

学生在任何领域学习的时候，会逐步将各方面的学习联系起来，从生手发展成为专家型学习者。作为生手，学习者通常拿不定主意，依靠规则的指导前行，很少意识到背后潜在的模式。随着学习者的进步，他们建立起更复杂的理解图式，能力和信心都得以提升，能够有效地解决新环境中的问题。

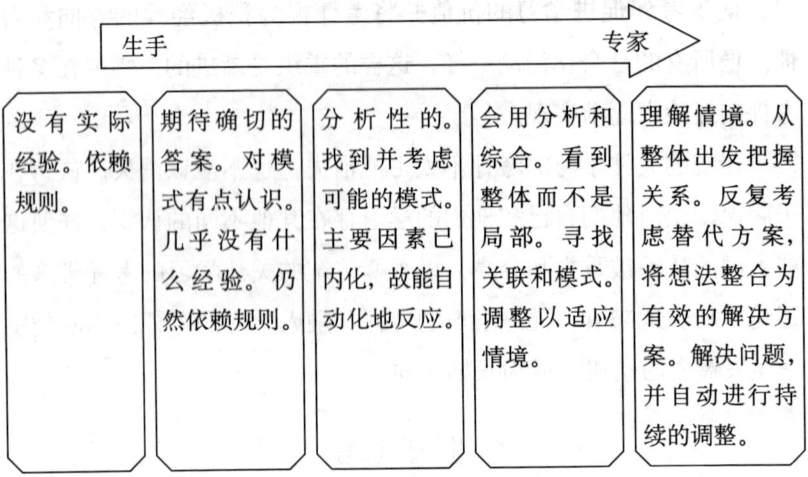

图 8.1　从生手到专家的成长阶段（Earl & Katz, 2006）

比格斯和科利斯（Biggs & Collis, 1982）研究了学生在课堂中对不同科目的问题的回答。他们将学生的回答分为五大类。

- 前结构水平（prestructural level）：学生几乎不懂如何得出一个新想法，因而对所提出的问题做出不相关的回答或没有回答。

- 单点结构水平（unistructural level）：学生选择并专注于一条信息，却没有注意到其他细节。
- 多点结构水平（multistructural level）：学生关注不止一条信息，却没有试图将这一信息与另一信息联系起来。
- 关联结构水平（relational level）：学生将几条信息集合起来置于某个类别或范畴之下。
- 抽象扩展水平（extended abstract level）：学生接受已分类的信息并将它们应用到新的领域或想法之中。

> 当人能将已知的和正在学习的内容联系起来，能得出自己的经验并从中提取出更大的意义，能看到各种观点之间的相互关联，能够将所学到的内容加以具体运用时，他的学习就达到最佳状态。
>
> 达林－哈蒙德
>
> （Darling-Hammond, 1992）

对很多人来说，学习就像一次随意的活动。似乎发生了（又似乎没有发生）。人要是不懂得如何使自己的思想条理化，注意力就会分散到当前情境中的各式事物上，感到彷徨混乱和不确定，缺少让事物变得有序的途径。但是，通过聚焦尝试弄懂信息的含义，将其与先前的知识联系起来并掌握有关的技能，学习可以得到控制和提高。

在学习新事物的早期阶段，学习者（不论年龄）需要支持性的结构和规则作为一个框架协助他们认识新的模式。随着学习的复杂化和这些组织工具的内化，他们能够利用这些组织工具进行学习，有时甚至构建出新的组织工具，反映了原组织工具的组合、相互间复杂的连接以及所发生的改变。这些组织工具让学生得以监控正在学习的内容，利用反馈进行调整和适应，甚至对原来的理解做出重大改变。这些组织工具也帮助学生了解到，学习不是信息的随意堆砌。相反，学习是大脑中对信息进行认识、利用、改变和转换的动态过程。不幸的是许多人都看不到在学校中得到的信息与放学之后所体验到的世界之间的联系。教师成为将它们连接起来的唯一桥梁。这种学习观念促使人们去关注深度学习的价值而不是只关注覆盖面。这种学习观念强调，通过教学帮助学生找到将零碎的信息连贯起来的途径，以及将新的想法与他们先前的理解联系起来的方法，从而让人学会学习。重点是转变教学方式，从原来同时向所有学生传递同样的信息，转向帮助每个学生联系个人的和外部的标志物看待学习。

当学生能够了解他们的目标，具备有组织的知识结构以帮助他们认识这些联系，而且以个性化的连接将自己的期望与对世界的看法之间联系起来时，就更有可能建立这样的连接。

课程作为看得见的学习目标

斯蒂金斯（Stiggins, 2001: 63）在十多年前告诉我们："学生可以达到任何他们能看到的静止目标"。从那以后的研究证实了他的观点。莱希与他的同事（Leahy, Lyon, Thompson, & Wiliam, 2005）以及海蒂(Hattie, 2009）将教师和学生清晰了解学习意图和成功标准作为成功进行学习的关键要素。当教师和学生都对他们前进的方向有一个清晰的图景时，学习就变得容易。这并不是说他们需要在头脑中储存一大列信息碎片。相反，教师需要全面了解整个课程或学习进程以便安排学习任务。他们还需要对学习的概念、技能和知识之间的相互关系和联系进行详细的分析，据此开发适当的活动（Black & Wiliam, 1998)。

学生也需要纵观全局，确认前进的路径。很多时候，我们要求学生搭上“学习列车”而没有让他们知道目的地在哪里和为什么要去那里。当他们明白他们的学习目标和方向，理解具体的任务要求与大致的进程间的联系时，学习就更有动力且以任务为导向。更重要的是，他们可以规划自己的学习并看到自己的进步。

> 学习即是在我们周围世界中发现模式。教学即是创造条件让学生能够领会我们集体所理解的已知模型。诺贝尔奖获得者看到了之前他们从来没有见过的模式。
>
> 约翰·波拉尼
>
> （诺贝尔化学奖得主）

用图表画出这些关系似乎很简单，但这个过程不是画张图表明范围和顺序那么简单。我们的目的是让学生看到下一步要学什么，以便他们开动脑筋理出线索并发现模式。

共同的核心标准为教师阐明课堂学习目标提供了一个起点。所幸的是已经开发出来的标准，特别是那些学科组织所制定的标准，包含了富有挑战性的内容，并说明了在各个学科中了解和学习的意义。这些标准为教师和学生日常教学活动提供一个有效的起点。这些标准可用于多种目的，从激发有关学校里应该教什么和在什么水平上施教的对话，到指导教师制订教学方案，再到利用期待学生达到的实际案例来对标准进行详细的描述。

学习的动力并不来自标准，或者盲目地将标准设为学习的目的，动力来自将标准作为日常教学的指南，以澄清学习是什么以及各种学习是如何联系贯通的。课程期望一直被用来判断学生的成就，或者作为获取学生的反馈信息以修改教学过程的参照点。如果要用考评来将课程与学生的学习结合在一起，标准必须成为课堂讨论的“内容”。学生不了解课堂活动或考评目的的情况很常见。如果他们要对学习承担责任，他们就需要知道总体计划的内容，以及如何恰当地完成当前的学习任务。教室墙上的课程目标的简单示图，以及定期说明一门课或单元的学习目标，都有利于学生学习。学生还应该会分辨出教师想要他们做的是什么，想要他们学的是什么，如何使教师和学生了解他们所取得的成就，以及下一步该如何做。

课程标准虽然描述了期望学生学习的内容，但并没有明确说明学生在学习过程中应该怎么做。通常都会希望学生进行思考，却没有让他们学习如何思考或者做思考练习。然而思考是多方面的、复杂的神经活动，需要事先具有一系列的技能。科斯塔和卡尔里克（Costa & Kallick, 2000）出版了一套系列丛书，聚焦于他们所谓的“思维习惯”。其基本前提是，当教授年轻人（包括成人）这些思维习惯并使之内化之后，他们可以更深入地理解和更好地完成批判性和创造性的思维任务。简单地说，思维习惯是广泛的、持久的和最重要的终身学习任务。包括坚持、理解并专注地倾听，质疑并提出问题，将过去的知识应用到新的情境，通过各种感官收集数据，以及创造、想象和创新。思维习惯显然不能取代标准的课程或教学。相反，它们是标准的课程与教学的补充和拓展，它们明确地打破学生的思维界限，给学生装备思维的工具以跨越学校和生活中的间隙。教师们需要独立或集体进行精心的策划，协调各种条件让学生将发展中的思维习惯联系起来并加以运用。

规划学习，规划考评，期待意外惊喜

学习不是一个线性的过程。考评不是学习结束之后才到来。教学不是课程和考评这个三明治中的夹层。总的看来，课程、教学、学习和考评在一个互动的和有时是循环的过程中相互作用，相互补充，有时以看似不可预测的方式往复循环。这意味着它们不是独立的或彼此隔离的。正相反，相互间的连通结合才是关键。为了有效地学习，课程、教学和考评需要保持一致。如果教师想认识这些连通关系并识别其变化发展，他们就应按照逐一列出的课程主题，理出大纲中技能和学习的主线，同时，横向明确这堂课的教学目标，纵向跟踪不同的课、不同的学科、不同的年度的教学进程（Sutton, 1995）。所有这些意味着课程不应该是教师考虑规划的第一要素。学习意向和考评与课程的联系如此紧密，所以不可能彼此孤立地进行规划。

> 形成性考评是一个过程，而不是一个测试；它是一个有计划的过程，而不是一时冲动的活动。
>
> 波帕姆
>
> （Popham, 2008）

这并不意味着规划应把学校每天的教学活动加以固定，如石板一块不可更改。理想的规划是一旦做了计划之后，还可以做出各种改变和调整，却仍没有丢失原来的构架。或者，即使你确实改变了原来的构架，那也是有目的的。审慎的规划是学校日常活动的框架。你看不到它，但缺少了它将是一场灾难。计划应该提供教学的蓝图和组织工具，以便教师和学生可以经常用以识别目的，明确课程、教学、学习和考评的关系，强化它们之间的联系，辨别可能妨碍学习的错误概念。应不断地拷问活动是否合适、学习目标是否达成。持续进行的考评是对教学与学习进行即时（但并非毫无根据）的更正、修改和转变的关键。

规划读写学习的案例

读写法案已在许多国家成为重要的政策杠杆。英格兰的国家语数素养计划（the National Literacy and Numeracy Strategies）搭起了平台并催生了一批相关措施。在新西兰，读写计划寻求落实一系列广泛的政策目标，目的在于使所有的新西兰人都具备成为21世纪的成功公民所必需的知识、技能和价值观。在安大略省，即我居住和工作的地方，语数素养处（the Literacy and Numeracy Secretariat）是改革进程的核心。我有幸得以观察这些政策和政策落入实践的过程。下面的例子来自我对一所小规模的乡村小学的一位二年级教师的观察，他使用当地主张的均衡读写方法使核心标准变得有利于提高学生的学习。教师的课堂教学从小组活动开始——分享一本书的阅读。这本书的内容是关于一个年轻人与他在菜园种满蔬菜的经验，在上课前一天就被介绍给了学生。因此学生先花了几分钟回想书的标题、作者、封面上的图片、前一天阅读的内容，然后对故事接下来会发生的事情进行预测。然后，几个孩子与教师一起，每人朗读这本书的一部分。在共同读书期间，教师经常提请学生注意作者是如何使用描述性的文字帮助读者理解故事中的形象，即使没有看书中的插图。在她身后的黑板上写着当天的课程目标：

学习目标：识别并使用表现、比喻和描写的语言，尤其是形容词，在诗歌和散文中创造出特定的效果。

随后在这堂课上，教师向学生宣读了学习目标并和学生一起讨论学习目标的意思，和学生一起复习了术语“adjective”（形容词），“expressive”（表现的），“figurative”（比喻的）和“descriptive”

(描写的)。然后她向学生解释，在写作中形容词可以创生出有趣的效果，在读者中引起一种感觉或情绪，或让读者在自己的心目中勾画出对象的形象或画像。这时候，她让学生读她写在黑板上的一些简单句子，要求学生尽量想出一些有趣的形容词以使读者感受到句子中的对象或构想出对象的画像。孩子们踊跃举手提出建议。教师先后接受了其中的六个建议，教师和学生对每个建议都进行了讨论，其中伴有提问，"你为什么选择'massive'（巨大的）这个词？""形容词'巨大的'有没有告诉我们有关西葫芦的什么事情？""仔细想想，'巨大的'是一个形容词吗？"她还仔细地解释了什么样才是好的答案。几个例子都是用这种方法进行的。孩子们似乎急于发表见解并试图解释，教师表扬了所有自愿回答的同学所做出的努力。"太棒了"，或，"这是一个很好的尝试，但'nice'（好的）并没有真实地描写西葫芦。我们希望用一个词来描写西葫芦，以便读者理解作者内心的想象。'好的'能做到吗？"

当孩子给出了有待明确的回答时，就在孩子反复进行说明的时候，将孩子想表达的内容以一个新的句子写在黑板上作为示范。有一次，她故意写错一个单词，孩子们纷纷举手急于帮她改正。她发现这令孩子们极为兴奋，还可以让一些孩子在课堂上一直保持注意。

在句子层次的教学环节结束之后，教师告诉学生今天的小组活动将以用形容词做比喻的方式继续进行，这个词要能够用来描写对象或点明对象的一些东西，使得读者比较容易勾画出对象的图像。她将与其中一个小组合作，以植物为对象用形容词造句。其他小组分别做教师放置在他们的课桌上的任务。每张桌子上都立着当天的具体目标——使用表现、比喻和描写的语言，尤其是形容词，在诗歌和散文中创造出特定的效果。

教师在指导小组的同学做写作练习时，还随时观察、询问、即时进行调整，以填补每个孩子学习中的漏洞。在她和学生们一起做练习的时候，我听了一会儿。教学和考评无缝地衔接。她反复重申目标（我们要用描述性形容词来帮助读者在头脑里勾画出一幅图画，让别人以我们所期望的方式看到那些植物），提供例子（疙里疙瘩的南瓜怎么样？），针对明确目标提问（向日葵看起来是什么样子？感觉如何？）。孩子们玩得痛快，考虑用各种各样的词来将普通的植物描绘成令人兴奋的形象，例如，纤细的蒲公英和惊恐的西红柿，而且还解释为什么他们提出的形容词恰好适用于他们想要的形象。在此过程中，她倾听并提问，了解学生的想法，并通过她的分析使学生的学习得以聚焦和拓展。

班上其他的人也同样在他们的座位上忙碌着。有一组在做一篇短文的“完形填空”，要求他们从教师给出的表中选择恰当的形容词填入短文。另一组的任务更为开放，他们在用为他们列出的形容词和名词来写短句。第四组在修改一个简短的段落，划掉现有的形容词，并用更具表现力或想象力的形容词来取代。后来，教师解释说，这些任务是针对不同小组设计的，依据她对有助于学生本次学习的练习的评估。

虽然教师只参与其中的一个组，但是其他的学生都在把作业写在纸片上，教师可以快速地浏览或稍后再仔细审阅。她在每个组都花几分钟问一些紧要的问题，检查学生的理解程度。这堂课的下一个环节，她面向全班学生讲解，将所有的看法汇集到一起，并用所有各个小组的作业为例子说明形容词的力量。作为结尾，孩子们找出他们发现的最有趣的形象，一些同学面向全班同学描述了这些形象，并解释他们认为这些形象有趣的原因。你可能会说这个例子听起来更像是教学而不是考评。你的看法确有一部分是对的。教师一开始就交代了本堂课的主要目标，这些目标还是可以看到的，这就让孩子们明显地感到对他们的学习期待。考评贯穿了整堂课和小组活动，以种种形式促进了学习。在教师提出的问题和她选择的回答者这两个方面，可以看出教学和考评的密切联系。这种联系也表现在给不同的小组单独分派各不相同的作业上。这为教师如何开展全班教学的决策提供了指导。这就是脚手架的生动范例：学生和教师进行挑战性的交谈和质疑以诱发和深化理解。

差异教学

教师都知道课堂由需要、背景和技能都不相同的学生组成。每个学生的学习都是独一无二的，教室、学校和社区的环境对每个学生来说可能会很不相同。同时，面对为所有学生提供更复杂的学习所对应的社会压力，教师必须寻找新方法来创造大量的选择和途径，以便所有的学生都有机会尽可能多、尽可能深入和尽可能有效地学习。

差异教学，非常简单地说，就是确保恰当的学生在恰当的时间里获得恰当的学习任务。一旦你了解什么是每个学生所“接受了的”或“已知道的”，以及他们需要学什么，那么，差异教学就不再是一个选择，而是一个理所当然的反应。

在过去，以有差别的方式进行教学和考评只是针对那些有特定需求的学生。全班通常被视为一个同质的单元，教师常说这样的话，例如，“这个班的课好上”或者“我的学生看上去都很好地掌握了这个概念”。不能顺利地上好课的学生被看作是例外。在此框架内，教师从一些特定的视角来解释学生表现的差异，诸如学习障碍、非英语母语、注意缺陷、多动障碍或有天赋等。有这些标签的学生被看成与班上的其他学生“不同”，而班上的其他学生被视为一个整体。虽然这样的标签几乎是不可避免的，但是它们并不能解释为什么有些学生不学习。所有学生之间都会有差异。进行学习的是一个个人而不是整个班。如同教师所了解的那样，一个班级是由具有不同兴趣、背景和理解的一个个学生组成的。

学生在学习的时候自己建构意义，他们以不同的方式完成学习任务，带有他们个人的理解、信念、希望、诉求和意向。重要的是以个别的方式考虑每个学生的学习，而不是谈论“全班”的学习。当教师运用考评收集证据来支持各个学生每天每堂课的学习时，考评就导向了差异化的学习。课程指南列出了学习的结果，教师可用来对教学和考评进行剪裁以帮助所有的学生认识他们的学习。

差异教学并不意味着为课堂上的每个学生做一套不同的方案，也不意味着采用能力分组来缩小差异。它意味着承认和接受每个学生都是一个独特的个体这个事实。这意味着运用你对学习的了解和对每一个学生的认识来改进你的教学，使他们都能以最有效的方式来学习。露丝·萨顿说得好：

> 有效地展开差异教学的关键在于我们为学生安排适当学习任务时所依据的信息的准确性和相关性，以及允许学生以令我们意外的方式不时地挑战这些决定。（Sutton, 1995: 26）

很多时候，我们没弄清儿童到底是缺乏经验还是能力。我们认为多元化会限制和延缓教学而不是促进教学。我们不应该延缓学习，而应该找到不同的学习方式以满足每个学生的特殊需要和独特品质。考评不是遴选学生的手段，也不应回避对学习的帮助，考评应成为决定如何推动学习向前发展的机制。

无论是作为学习者还是作为人，学生都是有差异的，认识这一点是差异教学的关键。像台球桌任务这样的活动为每个学生提供了产生自己想法的通道，也为教师提供了与学生一起努力的机会。个体的注意力将聚焦于如何推进他们的学习。教师可以帮助他们获得什么见解？这个拼图难题中合情合理的下一块碎片是什么？

进一步思考

1. 选择你班上的一个学生。详细列出你所了解的这个学生的学习情况，包括这个学生学得最好的情况、所熟悉的模式、学习习惯、原有知识和学习风格等。

2. 考虑一下你目前正在讲授的单元。你试图让学生看到什么样的模式？学习目标是什么？成功地掌握的基本素质是什么？

3. 你如何把你对学生的了解与课程目标匹配起来？

第九章　利用考评拓展学习

考评是学习的一个组成部分，至此应该是很明显了。考评提供了一个了解学生思维方式和思考内容的窗口，提供了支持学习所必需的反馈、教学和经验。本章重点介绍在连接考评和推进学习方面更为有效的若干重要方面。

促进学习的反馈

对教师来说，单是了解教学计划并将从考评中得到的信息用于规划和实施教学还是不够的。学生也需要了解他们的学习现状和努力方向。在哈蒂（Hattie, 2009）关于学习的元分析中，他发现反馈是对学业成绩最有力的影响之一。他接着解释了反馈的构成和种类给他带来的惊诧，因为不同类型反馈的作用差别甚大。他认为，最强有力的反馈为学习者提供了线索并得到了学习者的理解和应用。他和同事海伦·廷珀利一起对反馈的作用做了具体的分析，他这样描述反馈：

反馈是由某一中介（例如，教师、同伴、书籍、父母、自己、经验）提供的关于个人表现或理解方面的信息。教师或父母可以提供纠正信息，同伴可以提供替代策略，书籍可以提供信息以阐明概念，父母可以给予鼓励，学习者可以查对答案以判断回答的正确性。因此反馈是“表现的后续”。（Hattie & Timperley, 2007: 81）

促进学习的反馈并不是简单的传送过程，而是在学生的原有概念和文化的集体智慧之间进行概念性联系的过程，因为反馈的获得是以教师、家长、其他文本、资源所携带的知识以及他们可以获得的其他类似的东西作为参照点。反馈也可以是由学生向教师报告学习的情况和尝试学习的内容。反馈能够带来更多的努力或投入，也能够催生理解材料的新策略，导致理解的重构。教师在学习过程中的主要作用，就是确保学生获得的反馈能够鼓励学生学习并提供路标和方向，引导他们走向独立学习。

促进学习的反馈可以有多种形式。它可以是正式的也可以是非正式的。它可以是个别的也可以是集体的。反馈可以是评价性的或描述性的，如同卡罗琳·吉普斯和她的同事所描述的那样（Gipps, McCallum, & Hargreaves, 2000）。见表 9.1。

表 9.1 评价性与描述性反馈策略（Gipps et al., 2000）

评价性反馈	给予奖励和惩罚 表示赞成和反对
描述性反馈	告诉孩子们对还是错 说明为什么答案是正确的 告诉孩子们他们所达到的和没有达到的 说明或暗示做某事的更好方式 让孩子们提出改进的方法

很多时候，教师提供评价性反馈的方式是分数和简短的评语(通常是不明确的)，通常是表扬或批评。这种反馈告诉学生他们是否“做得对”，影响到他们对自己的认识和学习上的排名，但对引导他们的学习几乎没有作用。回想前面对动机的评论，评价性反馈留给学生的只有关于自己的学习是好或者不好的感觉，除了关于学习是否成功的外部符号之外，没有其他任何激励他们的情感的东西。他们中一些人会有短时的自尊感，尤其是涉及与同伴的比较

时。其他人则只得治疗心理创伤。一段时间之后，学习甚至上学本身，被置于生活中一个不那么重要的地位，因为负反馈的作用导致他们轻视学校的任务并转移期望的方向。

相反，描述性反馈在学生的思维和他们应该考虑的其他可能性之间建立起明确的联系。它与预期的学习联系了起来。它处理错误的解释和没有理解的问题。它基于对当前学习的考评和“好作业”的形象描述，为学生提供看得见和易操作的后续步骤，使他们可以开始自我考评和自我纠正。反馈不是孤立的活动。相反，反馈就是教学过程的一部分——发生在起始阶段教学之后，即当教师依据学生对原材料的加工和解释向他们提供信息的时候。

> 反馈涉及向学生提供关于任务的信息和理解，不同于原有的理解、误解和建构。
>
> 哈蒂（Hattie, 2009）

当学生知道任务的原因，看到任务是可以完成的，知道他们的奋斗目标时，他们通常都会有动力去实现目标。良好的反馈使这项活动保持平衡。它让学生设置合理的目标，跟踪自己的表现，为持续的学习过程设置下一个目标。

在一本名为《形成性考评解读》(*Unlocking Formative Assessment*) 的好书中，雪莉·克拉克（Clarke, 2001）描述了她旨在理解反馈及其运行机制的研究项目。虽然她在小学工作并专注于读写素养，但是她所描述的原理可以推广到不同的背景和年龄组。在她的研究中，她发现当反馈把重点放在任务的学习目标上时，作用特别明显。她主张在教室的突出位置展出该堂课或单元的具体学习目标，而且在课程学习过程中经常回顾这些学习目标，以此作为她教学的核心重点。在学生完成任务的过程中，教师很容易因其他事件或行为而分心。这样给学生传递的信息就是，学生的不当行为，诸如保持整洁之类的行为比课堂学习本身更重要，他们也分心了。教师关注的焦点应该是对个别学生和小组的反馈，帮助他们了解自己的想法，把各种想法联系起来。

克拉克（Clarke, 2001）也试图解决如何就书面作业提供反馈来引导学生学习这一难题。她建议将反馈集中在与任务的学习目标直接相关的一些事上。她采用简单的策略，例如，使用荧光笔来标出孩子的作品中涉及学习目标的例子，选择其中的一些来说明可以修改之处，从选出的地方画一个箭头到该页的空白处，写上她称为“缩小差距”的提示——即基于教师对该学生的了解，也针对作业的具体情况提出的应该如何修改作业的提示。表 9.2 是她的书中的一个例子。

表 9.2　可能缩小差距的提示的一个例子（Clarke, 2001）

学习目标： 在故事的开头有效地引入一个人物 **活动：** 选择你了解的但班上同学不认识的某个人，写出一段书面的描述 **我们要学的是：** 描写我们的故事中人物的特点 **如何才能知道我们已经做到了：**（全班一起拟定）我们描写了人物的外表、好恶、个性、态度以及其他有助于人们进一步了解的事。
假设一个孩子描述了她从夏令营中认识的某个人。教师标出几处成功地提供了人物信息的地方之后，把星号加在片语“这人是个好朋友”之上。“缩小差距”的提示的箭头可以采用以下的任何形式。 **提醒：** 多谈谈你对这个人的看法。 提醒性提示最适合这样的学生：他可能精通言语比喻却因某种原因没有在这里使用。 **脚手架：** 能不能描述一下这个人是什么样的好朋友（提问)？或者，描述一些能够说明这个人是什么样的好朋友的事情（指令）。或者，在……时候他让我看到他是一个好朋友（完成句子）。

续表

脚手架式提示适合那些需要更明显的结构或导向的学生，他们可以由此出发完成任务。 **示例**：在这些句子中选一句，让我对你的朋友有更多的了解。“他是一个好朋友，因为他从来不说我的坏话”，或者，“我的朋友帮我做事情”。 当学生纠结或表示不理解概念的时候，示例可以为他们提供学习目标的实际范例。

我觉得有趣的是，当学生可以从更明显的结构中受益并且可以用脚手架提示来推进学习的时候，教师却经常采用提醒式的提示。很多时候，当学生看到示例时立刻就想出替代的例子，出乎教师的意料。“缩小差距”的策略对学生有极大的激励作用，教师对学生们如此之快和如此有创见的反应感到震惊。在评阅中可以看到这样的反馈策略引出了大量的奇思妙想。学生一旦掌握了这种反馈方式的窍门，就会用来评阅自己或同伴的作业。学生开始思考教师可能关注的内容，提出论点和理由来支持他们的选择，相互提出改进的建议，用批判性的眼光重新审视自己的作业。

有了这样的反馈，学生作业的质量取决于“缩小差距”评议的质量。只提供反馈未必有用。它甚至可能起不到激励的作用。反馈本身没有激励行动的力量。它只是一个供学生考虑的路标或指南，这就是为什么要给予学生高质量的反馈，让他们能够将当前知识与目标联系起来的原因。当反馈含糊不清或出错的时候，学生就会做出不适当的修改，或看不到进一步学习和调整自己的思维的需要。

虽然教师是最明显的反馈提供者，但并不唯一。学生世界里的人，例如，同伴和父母，都和教师一样重要。为什么？因为学习是社会性的。早期的体验性知识构成儿童生活的经纬，通常难以改变。这是生活教给他们的东西。人们通过与周围他人的比较，不断检验自己的信念和想法（以及所在社区和文化）的可靠性。这一检验过程通常涉及书籍、媒体和其他资源，但对学生的这种内部对话做出关键贡献的主要是教师、家长和同伴。

什么才是良好的反馈？良好的反馈提供确认或否认一个想法的证据。它为学生提供反省自己的学习和学习需求的机会。它对学生取得的成就和成长予以认可和适当的赞誉。它针对每个学生或学生群体的具体学习需要。它提供明确的改进指南。它给予学生思考和回应建议的时间。它专注于质量和学习。

> 我们已经了解到，教师和学生之间以及学生相互之间的互动交流是形成性实践的核心，这样的交流可以使教师的中心任务得到充实。这个任务就是设计学习机会，以便学习者在指导和促进自己的学习方面可以做得更专业，更加负责。
>
> 布莱克和威廉
>
> （Black & Wiliam, 2010）

要对反馈循环往复的性质加以描述很不容易，我认为重要的是强调反馈是一个持续的过程。反馈过程顺利进行，就是一种相互影响（Senge, 1990）。教师运用考评向学生提供关于他们观念和错误观念的反馈；学生运用来自教师的反馈调整自己的理解，重新思考自己的想法，促进新的观念，引发新一轮的反馈和学习。这个过程不会在“事情之后”才发生，也不会一学期才来一次。它是师生之间以及同学之间持续不断交流的一部分。

反复出现的描述性反馈对学生作为学习者的自我认识和整体的自尊会造成很不相同的影响。当学生看到他们努力的结果并知道下一步该怎么做的时候，他们更有可能保持上进，看到自己的进步与努力之间的关联。

以评估准则和范例为工具

最近在一个专业发展会议上，一位教师问我是否要把他“评估准则了”，我笑了。似乎只要打一针就可以让他进入这个神奇的评估准则世界。毫无疑问，评估准则（rubric，或译“量规”）近年来在教育领域中广受欢迎。前面的章节里已经展示了几个评估准则。本章将拓展评估准则的使用并就如何发挥评估准则的作用提出一些建议。本书不是描述开发评估准则的最佳流程的地方。（有关评估准则的好例子以及如何设计评估准则，请参阅 Arter & McTighe, 2001 或 Burke, 2011。）

> 评估准则（rubric）是标准的特定格式——它是标准的书面版本，对所有的得分点都加以描述和界定。最好的评估准则的表述覆盖了教师用以判断质量时的依据的基本要素，反映了该领域中构成良好表现的最佳思路。
>
> 阿特尔和麦克泰格
>
> （Arter & McTighe, 2001）

不幸的是许多教师依然顽固地认为评估准则的目的是对学生进行甄别分类。他们没有认识到评估准则的力量在于将学业成就标准可视化，反而用数字代替评估准则的描述。学生们很快被贴上“2”或“3”的数字标签。结果适得其反。一个对学习非常有用的工具变成了新的排序机制，而且，它给学习和教学带来的价值消失了。现在应该明确的是，我崇尚的那种考评更关心如何帮助学生学习，而不是给他们贴上一个标签。

好的评估准则使教师和学生可以分析学生的作业，描述其进展情况，并以此为参照，就如何继续努力做出决策。有时只用评估准则还不够，即使是好的评估准则。罗伊斯·萨德勒（Sadler, 1989）写了一篇里程碑式的论文，说明为什么学生需要可视的“优秀”形象。对优秀的理解是通过一系列的认知活动逐渐发展起来的。标准及其描述虽然提供了参照点，但不能替代可视的“优秀”。没有哪个优秀的模型可以适合任何一个领域。有许多优秀的模型，然而学生需要看到（或听到、或想象）各种优秀形象的具体样子。

当学生致力于难以实现的目标，尤其当目标复杂，需要将新的学习与许多不同技能整合到一起的时候，能够看到目标实现之后的结果以及专家为了实现目标所经历的过程，可以让学生受益。明确目标和实现目标所需的时间以及所需经历的阶段，既激发了学生的动机，也给他们提供了看得见的目标。

想想运动员完善和保持自身表现的情况。个人摄像机对他们来说已经成为了必不可少的工具，当观看知名高手的比赛时，就把高手的表现摄录下来，并对自己的风格进行微调以使其更有效。高手的运动录像为他们的修改提供了参照目标，但运动员应将他们所看到的与自己的体质类型以及自己已经做得不错的方面联系起来考虑，以提高自己的水平，而不只是模仿高手。

铜管乐队的案例

一位在小型乡村中学任教的音乐教师，本人是一个技艺精湛的小号演奏家，曾和铜管乐队一起演奏过摇摆音乐，在学校为希望学习演奏铜管乐器的学生开设了课外兴趣班。他在学校做了一个广告，乐队将在每周二放学后集中训练，学校里的任何人都可以参加，唯一的要求就是学生必须参加每一次集训，并在没有集训时自己练习。他对学生的承诺是“我们将在春季音乐会上为全校演出。你们将会很出色。”

令他感到惊讶和高兴的是，第一次放学后的集训有 20 多人来参加，包括“过去常常吹喇叭”的一位教师，还有一个曾在摇滚乐队中打鼓且认为能给乐队添加点色彩的初级管理员。作为开场白，他对这支杂牌乐队讲了以下鼓舞士气的话：

我们聚到一起。乐队只有作为一个整体才能演奏。我们每个人都得独自练习和一起练习才能演奏音乐。这是我们接下来将要做的。今天大家一起听一些大乐队的音乐，然后就每首乐曲谈谈你们喜欢什么、不喜欢什么。我将向你们介绍乐器，让你们听每种乐器的声音，看看如何使用。你们听到的这些音乐我都有副本，你们可以把它们带回家重听。下周集训的时候，我们将决定谁演奏哪种乐器以及从什么作品开始。如果觉得自己会演奏那种乐器，本周也可以将这种乐器带走。也可以在放学后过来尝试任何你们喜欢的乐器。

这个开场白为这个大乐队的活动定下了基调。后来每人都选了一件乐器，乐队就他们学习什么作品达成了共识。真正的集训从此开始。每一周的课都是直截了当的。在集训之初，大致都是按如下步骤上课：

- 听他们正练习的作品的片段的录音；
- 小组练习演奏该作品片段；
- 乐队一些成员进行单独练习（由教师鉴定他们负责的部分是否演奏得好）；

- 由乐队成员根据简单的 PMI（正面、反面、趣味）[①] 给他们反馈；
- 听某件乐器单独演奏的录音；
- 对照录音和个别练习进行讨论分析，弄清要想演奏得好最重要的是什么，尤其是在小组之中，演奏者应该怎样做才能保持特色。

每次集训结束后，教师都会指定几个需要个别指导的学生。这些学生在接受个别指导之前都要挑一段自己觉得特别具有挑战性的曲子进行练习并做好录音。他们带上三段演奏的录音去见教师，一起努力，帮助听自己的演奏并进行调整。指导结束时，学生们收到一些由专家们用相同的乐器演奏同一曲子而风格迥异的录音磁带。作业的任务就是分析和描述艺术家们的演奏的相似和不同之处，并尝试将其中的一些元素融入自己的演奏之中。

随后的时间里，每个学生都在全组人面前表演独奏，不是作为完美的演出，而是作为学习和创造最终作品过程中的阶段汇报。明确的期待是小组给演奏者就其独奏和作为乐队一员的演奏提供有帮助和有挑战性的反馈，以便乐队能作为一个整体进行合奏。这位教师花了相当多的精力为不同的人和不同的乐器编写（和重编）新的任务。他甚至依据那位大乐队鼓手的天资给他找到了一个位置。

最终的演出取得了巨大的成功，但在关于学习的这一课中这并不重要。乐队的学生对学习有了如下的认识：

- 没有一个唯一正确的答案；

---

① PMI 是一种思维训练的方法，称“三面思考”，即要求对每一种想法都考虑其正面（plus）、反面（minus）和趣味（interesting），而不是简单地考虑是（yes）或者不是（no）。——译者注

- 如果你知道要练习什么和怎么做更好，你就会做得更好；
- 开始时听起来混乱嘈杂的噪音可以被分开来和理解，重新合在一起的时候，你听到的就不同了；
- 当你能听（看）到你要到达的目标时，可以更容易地到达那里；
- 大家一起努力所能做到的要比任何个人单独所做的多得多。

理念、关联和拓展——ICE 考评方式

杨和威尔逊（Young & Wilson, 2000）描述了一种考评方式，称之为 ICE[①]，教师可以在课堂教学过程中使用。这是一种考评学生的发展的简便技术，它适用于不同的学生、学科、年龄和受教育水平（Young & Wilson, 2000: 2)。我认为这种技巧为教师提供了一个有价值的组织工具，用以思考如何组织课堂中的教学和反馈。理念、关联和拓展（ICE）的方式如表 9.3 所示。

表 9.3 估量成长之 ICE 考评方式（Young & Wilson, 2000）

ICE 的内涵	描述	证据
理念 （Ideas）	理念是学习的基石：过程中的一个步骤，必要的词汇，以及形成学习基础的基本技能。有时，它们是笔记和课本中的点滴信息；有时，它们是一个过程中的步骤；有时它们是行动的准则。	学生叙述以下内容： ● 基本原理 ● 基本事实 ● 词汇 / 定义 ● 详细信息 ● 基本概念

① ICE Approach to Assessment，其要素为 ideas，connections，extensions，直译为理念、关联和拓展。——译者注

续表

ICE 的内涵	描述	证据
关联（Connections）	关联是理念之间以及理念与原有知识和观念之间存在的关系和模式。新手遵循规则要求和说明书。专家能觉察到理念之间的潜在关联，因而能看到潜在的模式并走捷径。	学生交流如下内容： ● 基本概念之间的关系或关联 ● 新理念与他们的原来所知内容之间的关系或关联。
拓展（Extensions）	拓展是学习成长的最后阶段，发生在个体不再需要参照操作规则，不再需要有意识地在各片段之间、片段与经验之间进行关联的时候。他们学习的内化程度非常高，有助于确定他们已经成人。规则已经因不言自明的“格言”或简洁的真理无须提及。	学生通过做如下的事情展示内化了的关系： ● 在新的历程中使用新知识，创造用以拓展理念或概念的方式，通常超出了原来的学习情境。 ● 回答假设性问题，这是什么意思？如何影响我对世界的看法？

作者发现，ICE 方式是有道理的，而且对每天都忙忙碌碌地组织教学的教师来说是可以操作的。事实上这可以作为一种组织工具，让教师的工作走上正轨，专注于学习和每一个学生。

进一步思考

1. 为你正在教的单元制作 ICE 图。确定这个单元的理念、关联和拓展。设计考评任务让你能够探知学生的熟练程度处于理念、关联、拓展的哪一层次。

2. 作为一个团队一起考虑学生的作业，决定你们会使用什么样的反馈提示。在开始之前记得要确定作为练习重点的概念或技能。

第十章 利用考评反思和自我调节

自我考评、自我监控和自我调节位于学习的核心，也是“融入学习的考评”的关键，这应该现在已经很清楚了。如前所述，学习是一个建构观念和认识世界的主动过程。各种想法是这个过程的原材料，已有的知识和信念可能促成也可能妨碍新的学习。学习对自我监控和知觉的依赖很大。达到自我调节的学习者由于能够控制学习环境而成功。他们引导和调节自己的行动，对准学习目标，从而实现这一控制。他们以特定的认知途径对各种想法进行组织、综合和再组织，运用自我监控为自己提供反馈，导向新思想、新模式或新组合的产生。

> 自我调节学习有助于学生获得适应学习和自主学习的特质，这是提高学生对学习的参与以及随后成功的表现所必须的。形成性考评的理论是一体化的教学理论，它指导实践并通过发展来改进学习过程。
>
> 克拉克（Clark, 2012）

这就是自我调节学习——控制并评价自己的学习和行为。它以元认知（思考自己的想法）、策略性行动（按照标准来规划、监控和评估个人的进步）和学习动机为指导(Butler & Winne, 1995)。

形成性考评，尤其是“融入学习的考评”，通过发展学生的自我调节策略，为指导实践和改进学习过程提供了一体化的教学理论。

乔乔的案例

我的侄女乔安娜（昵称：乔乔）在五岁左右的时候来到我面前并宣布："所有的猫都是女孩，所有的狗都是男孩。"我问她为什么认为猫是女孩而狗是男孩，她回答说："你的猫莫莉是一个女孩，她个头小，皮肤光滑；女孩也是个子小，皮肤光滑。猫是女孩。隔壁家的狗是个男孩，他个子大且皮肤粗糙，就像男孩一样个头大且皮肤粗糙。狗是男孩。"显然，她确定了问题，调查了周边的环境，收集了证据，提出了假设，而且当她检验假设的时候，假设成立了。相当复杂的逻辑。

我从书架上取出一本关于狗的书，给她看一只个头小且皮肤光滑的墨西哥狗的图片。

"这是什么？"我问。

"狗。"她答道。

"女孩或男孩？"

"男孩，狗是男孩。"

"但它的个头小且皮肤光滑。"我指出。

"有时候，它们可以是个头小而皮肤光滑的。"乔乔说。

我翻到一幅图片，上面是一条爱尔兰长毛猎狗，周围有很多小狗。她有点烦。

"这是什么？"

"狗。"她有点犹豫地回答。

"男孩还是女孩？"

过了好一阵子她说："也许这是爸爸。"但她看来并不确定，跟着就问："狗可以是女孩吗？洛娜姑姑。"

这是一则简单而生动的示例，展示了我们在试图认识周围的世界时都在使用的反思和自我监控的过程。乔乔对她想知道的（猫和狗的性别）有一个看法。她基于起初的调查得出一个结论。在教师（我）的干预中，她将自己的看法与现实世界中的其他例子进行对比，看到了自己的理解与其他证据之间的差距。有了新的认识之后，她迅速调整自己的看法，考虑不同的观点。这个故事中的考评非常简单，就是一个问题："你怎么知道？"

学生是自己最合适的考评者

我们希望学生成为自我启动和自我激励的终身学习者。如果他们要成为批判性反思者和问题解决者，能够把自己的才能和知识用在自己的决策和行动之中，他们就得发展自我考评和自我调节的能力。他们不能只是等待别人来告诉他们正确的答案。至此，所有在其他章节中出现过的理念又都作为学习的重要因素而发挥着作用：

- 让学生投入真实的学习任务中是最好的动力；
- 清晰的目标和可见的优秀成果的范例，包括完成了的作品和作品完成的过程，可以搭起学习的平台；
- 学生参与到确定目标和学习方法以及涉及成功的决策之中，可增长他们的自我意识，帮助他们看到差错，考虑替代方案，做出调整；
- 诊断性考评给教师提供了可与学生分享的指导；
- 描述性反馈使下一步学习变得可控，同时提供最大的独立性；
- 共同决策并让学生练习监控自己的学习，给予学生信心和能力来对他们的学习和决策做出重要判断；

- 让父母和同龄人参与这个过程，为学习增加了盟友和伙伴。

养成自我调节的思维习惯

许多作者都提到创造性、批判性和自我调节的思考者的思维习惯，以及学生（就这个问题来说还包括许多成年人）需要发展的思维习惯。无论是在什么时候或者想学的是什么，这些习惯，即思维的方式，都能让人们独立地投入学习之中（Marzano, Pickering, & McTighe, 1993）。

> 我们必须不断提醒自己，评价的最终目的是使学生能够评价自己。教育工作者可能一直在实践这个技能但却把学习者排除在外。我们需要将这种责任的一部分转移给学生。培养学生指导和调整自己的能力必须是一个重要目标——不然的话，教育的目的是什么？
>
> 柯斯塔（Costa, 1989）

当人们取得成功或遇到失败的时候，他们可以通过不同的方式对自己解释原因：努力、能力、任务因素或运气。只有第一种归因有可能会提升适应性动机。学生会决定更加努力以取得成功。其他的解释，能力、任务难度或运气都是学生不能控制的因素。当学生认为他们不能控制他们的成就时，就无法激发他们的动机。

一些作者已经将思维的探究性习惯确定为个人和小组有效学习不可缺少的组成部分（Earl & Lee, 1998; Katz, Earl, & Ben Jaafar, 2009; Newmann, 1996）。如果学生要培养这些思维习惯并具备探究性的思维，那么，他们就需要经历持续的、真正的成功。他们需要感觉到他们好像处在一个可以安全地抓住机会的环境，一个反馈和支持随处可得且具有挑战性的环境。这并不意味着没有失败，而是

> 我将输掉比赛视为研究，而不是失败。
>
> 比利 - 简 · 金
>
> （网球明星）

意味着运用他们的思维习惯辨别错误概念和不准确的认识，沿着习惯的思路达成更完整和更一致的理解。教师有责任创造环境让学生成为自信的、有能力监控自己学习的自我考评者。

情感安全

成为独立负责的学习者，将考评作为学习过程中建设性的部分并不是一件容易的事。事实上这是令很多成年人感到可怕的事情，更别说年轻人了。所以，如果有些（或许很多）学生不完全接受这个想法，不要感到惊讶。学生愿意进行自我考评的程度与他们的自我感觉和自尊密切相关。坚持取决于对成功的期待，即使成功并非马上就能获得。然而，有着失败经历或害怕失败的学生将采用自我保护的方法，即使那样做意味着失去学习的机会。学生对自己能力的认识往往依赖于分数，把高分当作体现自己价值的看得见的标志，导致改变现有自信心的挑战会让他们觉得自己像是自由落体一般落向未知的境界。只在某一时刻或某段时间感到安全还不够，安全需要成为常态。

> 情感安全是进行智力冒险所必需的。
>
> 吉普斯等（Gipps, McCallum, & Hargreaves, 2000）

大量优秀成果示范

虽然课程的指南和标准为学生提供了预期目标的基本框架，但是最有说服力的将是各种专家的示范。学生们不仅开始看见、听到并感觉到当前学习的预期目标，而且开始意识到将要发生的变化，以及这些变化的合理性。即使在像数学这样的科目中，也有许多精确优雅的例子，其中专家理解了背后原理，并将公式作为解决问题的捷径。在台球桌的例子中，那些从计数到识别模式再到用数学符号表征关系的学生，“看到”了这些模式的运作方式。他们获得了可以迁移到新情境的“专业知识和技能”。没有“看到”这些模式的学生需要更多的范例和练习，在具体活动中进入下一阶段。虽然有的学生可能永远达不到或者根本不企求达到某一领域的专业高度，但是“看到”学科可以被做到什么程度本身就是价值。艺术或音乐或文学专业的学生受大师们的作品所激励。地理、科学或计算机编程专业的学生也同样如此。

一旦学生对目标有了感觉，教师就可以沿着他们的目标方向，提供许多中间各阶段的范例，并说明专家们如何同样经过努力实现预期的目标。这是大乐队例子中的一个关键因素。我最近看到一本高级英语写作教材，其中包括了作家玛格丽特·阿特伍德（Margaret Atwood）在一本新小说的开始阶段所写下的手稿的照片。手稿的页面凌乱，字迹模糊，许多字被划掉，到处都是旁注。在后面的一章又展示了上述手稿内容的照片，这是计算机文件的一页，仍然是有着混乱思绪的半成品，带有她自己写在括号内的备注。在接近结尾的部分，又选了一张涉及这一部分内容的手稿，因为这是最终的稿子——与开始写的稿子相比大有不同。学生们在用这些手稿来分析阿特伍德是怎么想的，为什么她要做那些修改。学生们在此过程中的分析练习，可以让他们的思考和写作有所进步。

真正的参与和责任

教师努力让学生参与并提高他们的独立性，是真正地教学生对自己的学习负起责任，并教给他们明智和有效地担当责任的工具。学生还有别的办法发展作为专家标志的自我调节技能吗？不太可能。学生要成为有能力的、现实的、独立自主的自我评估者，需要接受有关自我考评技能的教育，获得常规的和有挑战性的练习机会，发展内部反馈或自我监控机制来验证或质疑自己的判断。学生要成为自主的学习者，需要将技能、态度和意向综合起来加以发展。这些没有他人帮助就难以实现，如同任何其他复杂的技能一样，需要通过一段时间的教授和发展。本章后面关于选择的案例就是一个培养独立性的好例子，不仅是具体任务上的独立，而且包括生活中的独立。专家可以凭借天赋取得一个良好的开端，但是剩下的部分还是需要他们通过确立目标、组织自己的思维和生活、自我监控和自我纠正来学习。这些技能都是可以学会的，不过不是将这些技能作为规则来张贴公布，而是让学生们在整个在校学习的期间不断确立目标，组织对周围的认知(从小处开始)，监控进展，并根据学习的情况来改变计划。

为学习而记录和报告

将学科的新概念与学生的原有知识进行整合，并报告他们的学习情况，这要求采用不同的记录和报告方式。教师不能只在“评分”或出“成绩单”的日子花时间记录和报告，教师需要做笔记并坚持每日记录，有时记在书本的空白页上，有时用更有条理的方式。记录变得更具描述性，而不是评判性。保罗做了什么？我给杰西什么提示？什么作品表明了一段时间里的成长？学生成为不断累积的数据的主要用户端，而这些数据并非他们价值的评估报告，而是他们学习中的里程碑。

有针对性的反馈

有效反馈是促进自我调节的考评的核心，因为学习者被鼓励说清他们现有的动机、想法、意见、信念和知识性技能，使埋藏于他们内心深处的缄默知识显示出来，成为明确的和可用的知识。反馈可以让学生看到他们的真实成果与对他们来说有意义的某个参照点之间的差距，使他们不仅受到激励，还能够怀着他们的构想来进行学习和调整。教师的工作就是用范例和合理的指导为学生的进步提供即时的、准确的和有针对性的反馈。非正式的反馈可以重新调整学生的思维，让学生汇集自己的想法和感受，以继续学习，少受挫折和困惑。无论是教师停下来问一个形成性问题，还是小组在班级讨论中分享和挑战彼此的想法，这样的事例随处可见。

对自我评估的正式反馈发生在学生和教师一起讨论现状和目标，并商议实现目标的步骤的时候。必要时，这些不经常发生的正式反馈可以提供重组机会，学生可以发展新的或巩固现有的技能，并以新的活力和更多的策略回头再试一次。

讨论、挑战与反思

思想不是以“现成品”的形式输送到学生的头脑里去的。乔乔的故事表明，新想法的出现经过了仔细的考虑和理性的分析，同样重要的是还经过了与文本、图片和人的互动。学习不是私人的，也不是静寂的。学习可能发生在个体的心中，却时刻联系着外面的世界和其中的人。同伴和家长可能是这个过程的强有力的支持者和促成者，不是作为评判者对分数或优点加以评论，而是作为参与者参加到分析、比较、反思和强化这整个学习过程中。考虑一下诸如“鱼碗”（fishbowl）这样的活动，在这个活动过程中，一组学生讨论一个问题以及他们对这个问题的分析，而班上的其他同学围绕他们坐成一圈，记录他们的观点、针锋相对的假设、可能有用的资源以及对于下一步的建议。在讨论的末尾，围圈而坐的学生在便签上写下他们自己的想法，鱼碗组的同学带走这些便签，并把上面的想法加以组织，作为他们下一次讨论这个问题的起点。学习是一种社会活动。同伴和父母一旦明白他们的角色，而且所处的情境对学习过程有所支持的时候，就可能在他人的意见、观点和挑战与学生的原有观念产生纠结的时候充当关键的角色。

> 让学生进入考评的“秘密花园”以强化他们指导和管理自己的学习，收获实在太大了。
>
> 布罗德福特
>
> （Broadfoot, 2002）

实践，实践，再实践

像其他任何复杂的技能一样，自我评价是艰难的工作，需要意愿和实践才能达到熟练自如的程度。这通常需要反复尝试、实践、一时不适，还会体验到新的反应。

案例精选

在我工作过的一所中学里，教师们决定做一个尝试，让九年级的学生作为整体，并让课程更加连贯和具有条理，以让进入中学[①]

① 在一些国家，如作者所在的加拿大，中学为九至十二年级，因此文中九年级的学生刚刚从小学升入初中。

的过渡更人性化。课程表以70分钟为一个单元，学生们作为一个整体到各门课程的课室上课。这个学期的核心课程是数学、英语、计算机应用和法语I。由四位教师任教，他们一起做教学设计，有时采用团队的方式执教。下面描述我和他们在一起度过的一天。那天一开始和大多数中学一样——学生在他们自己班的教室等候考勤检查、通告和开始活动，夹杂着低声的私语和来往人们的嘈杂声。我和其中一位教师（数学老师）一起到他的教室，我在后面就座。令我眼前一亮的是，这不是一间普通的中学教室。墙上有很多东西，有学生作品的展示，有从数学课程文件摘下来的目标布告，在教室旁边的桌上有计算器（常规的和图形计算器）、教具、工具书和几台电脑。教室的一个角落有一张圆桌，周围是游乐器材、拼图和卡片，有些是买来的，有些是自制的。开场白之后，教师就开始上课，首先是课前讨论活动。他事先到过课室，将开放式的数学题分发到教室里的每一张课桌上（每4人一组）。我听到学生们低声讨论。那天的问题与社区最近发生的事件相关。周末有一个热气球节，几个热气球带着乘客们在空中遨游。问题是："你认为有多少人在周末搭乘了热气球？为什么？"这道练习题的来源是早报上的一则关于这个事件的报道，该报道包含了对出席活动的人数的估计并提供了有关该活动的规模、容量等一些细节。这个问题没有"标准"答案。随后的讨论包括提出假设、估计、计算、推理、辩论和对证据的关注。令人惊讶的是大多数事情在课前就做过了。评议很快就过去了。每一张桌子有一个汇报人，描述他们的想法和结论。全班同学根据结论的质量投票选出最佳的汇报者，获奖的小组向全班同学鞠躬致谢。

当天晚些时候，我和这班学生一起去上计算机应用课。大多数学生坐在计算机旁边，正在做电子表格，输入数据，计算基于不同利率和偿还期限的按揭付款。我转了一圈，了解到有一组五六个学生坐在角落里做其他的事情。他们摆出了法文课本，显然没有做电子表格。令我惊讶的是当我走近他们时，他们并没有赶忙拿走法文课本。他们继续相互提问对方关于法文词汇的问题，似乎不在乎我的存在。当我问他们在做什么的时候，他们的回答很率直："为下节课的法语考试而学习。"

"可是按揭贷款的作业怎么办？"我问。

"哦，我们放学后就做。我们选择了把这个时间花在法语上。"一个迷人的年轻女孩说。随后，她从正在勤奋学习的伙伴身旁来到我的跟前，挽着我的手，向我解释说他们的教师信任她们的选择。在那年年初，教师就告诉过她们选择关乎生活的一切。"在校外，人们不会告诉你每分钟该做什么；铃声也不会因为要提醒你去干什么事情而响起。"因此学生们需要做出选择并自行负责。教师们介绍了本学期四门课程的安排，告诉他们作业和上课对她们学习所需要的内容有什么帮助。课程目标贴在教室的墙上。上课按照正常的时间表继续进行。但是，学生们对自己在什么时候做什么的选择负责。教师们给所有的学生发了日记本让大家安排好时间，还帮助他们决定如何使用日记本来安排进度做好计划。每天都有几个学生和他们的班主任见面，检查他们的计划和进展情况并做出调整。学生没有做好自己的事情时并没有受到惩罚，只是被提醒要为自己的决定负责。但很明显这些学生已经做出了疏忽自己的学业的决定，而这将会产生后果。当然，最后的结果可能就是没有达到课程的要求。记住，这就是学校。

当我和教师们在那天放学前见面的时候，我提出这个选择的问题。对他们来说，那是很明确的。“如果我们不教他们并让他们在范围有限且安全的环境中学习的话，他们如何能够学会合理地做出决定？”一位教师说。“当然，”另一位教师补充说，“有些学生不想为他们的学习负更多的责任。他们很乐意充当知识的容器，时间一到，考试结束，他们就抛掉所记住的东西。那对我们来说不够好。如果有人抵触，我们就需要找出他害怕什么，找到合适的辅助办法，让他觉得冒点小风险是安全的。”

自我监控和自我调整保护学生不受周围世界的变幻莫测的困扰。这组教师决定帮助他们学生发展和践行对他们的未来有益的思维习惯。

进一步思考

1. 在你的学习小组里应用“鱼碗”技术。每个人都要做好准备以便讨论运用考评鼓励学生自我反思的方式。小组的其他成员专心倾听并充当“诤友”，提出尖锐的问题并提供建设性建议。

2. 用尽可能多的方式进行头脑风暴，讨论教师（和学生）如何记录学习过程的信息并用来引导下一阶段的学习。

第十一章 致力于优化学习的考评

从写这本书的第一版开始，我就把大量的时间花在了与考评有关的研究和开发工作上，将“促进学习的考评”和“融入学习的考评”的思想从理论推进到实践再推进到政策的层面。我的态度不再像十年前那么软弱了。像波帕姆（Popham, 2009）那样，我相信，忽视考评的力量在专业上是不负责任的。他这么说：

我相信我们这个行业没有大力提倡它的广泛运用，这确实是一种专业上不道德的情况……学生从形成性考评引发的学习中得到的收获是“曾经报道过的最大的教育干预之一”（Black & Wiliam, 1998: 61）。

换句话说，这里看重的不是无关紧要的收获，我们看重的是巨大的改进！……

简单地说，教师采用形成性考评，学生就从中受益。那么，如果我们要以一种专业负责的方式教育学生，就必须说服更多的教师采用形成性考评。如果没有这样做，我们至少是因不够专业而导致疏忽（Popham, 2009: 4−5）。

我还是主张采用以前的方式促使教师重新考虑他们的考评信念和习惯做法，但我感到更加紧迫。考评如果做得好，有力量转变所有儿童的学习方式，而教师是关键。理解考评的力量和转变考评的习惯做法对教师来说意味着艰辛的再学习，因为本书所倡导的转变要求教师对当下的考评信念和现行做法进行一些根本性的反思。但结果是值得的。

像他们的学生那样，教师需要检查自己的思维模式并反思自己的实践。他们也需要基于理解的学习，以使他们的决策以深思熟虑的证据和观点为依据，以学生的学习为目标。教师的隐性知识作为个人的心理模型，早已被习得并经过了一生的磨砺。使隐性知识现身成为可见知识并公开讨论，意味着对思维模式的揭示和检查。如同圣吉（Senge, 1990）所述：

思维模式的训练从将镜子向内翻转开始，学习发掘我们关于世界的内部图景，使它们浮出表面并对它们进行严谨详尽的研究（Senge, 1990: 9）。

产生真正的新专业知识涉及将新观念、信息或策略与当前的思维模式相连接，并准备对它们进行反思，即使这些思维模式已经深受喜爱且根深蒂固（Duffy, 2003）。

> 假设：教师的首要道德目的是满足学生的需要，即使这与他个人的喜好相冲突。

教师应成为有适应能力的专家，能运用各种有效的策略进行教学、学习和考评，教师也需要有高度的灵活性，在常规的教学有所欠缺时能够创新，弄清学生什么时候没有学习，知道下一步怎么做，调整教学的资源和策略以帮助学生达到有价值的学习目标(Hattie, 2009)。

揭示关于课堂考评的想象和现实具有挑战性。考评从来就不是直截了当的、理性的，甚或不是很客观（无论评分方案和成绩手册看上去多么条理分明）。不论是接受考评的学生还是家长，通常还包括教师，对他们来说考评都是一种深度个性化和情绪化的体验（Earl & LeMahieu, 1997）。考评受到国家、地区和学校的政策约束，要求做出各种成绩报告，根据成绩对学生进行奖励或处罚

(Darling-Hammond, 1994)。但这些都不是忽视课堂考评力量的理由。这些恰好是为什么考评如此重要且应该变革的原因——因为这对学生的人生干系重大。

本章的其余部分检查了教育工作者为这样的未来所能做的准备。这些既不是包罗万象的，亦不是指令性的。涉及的每一主题都可以独立写成一本书。这里旨在提供思路以思考：学校的目的是什么；我们作为教育工作者在学校中所发挥的作用；我们的学生将在 21 世纪度过大半辈子，如果我们希望为他们而让学校转型，成为他们不断发展的专业学习的起点的话，我们将面临什么样的挑战。

关系到学习和时间

我的紧迫感也许来自一种深切的信念：我们已经非常明白怎样让所有学生的学习发生巨大的改变。这意味着使学习成为关注的焦点。教育不再是可有可无的，而是所有年轻人必不可少的。这不意味着基于某种武断的事实拿到一张结业证书。这意味着获得最基本的学习，以及一种将使他们很好地适应越来越复杂和困难的未来的学习态度。这可能意味着学校教育将发生引人注目的变化。至少这意味着在每天的每堂课都要尽可能地优化每个学生的学习。毫无疑问，教师将仍须遵照系统的指导纲要实施教学，但若课堂里的日常工作关乎学习，教师将更进一步考虑考评，考虑如何有目的地改进考评，帮助他们自己及他们的学生深入理解所学内容，知道怎样才能学得更好更快。关于如何运用考评没有现成方案，它由学习的目标所引导且有助于揭示学生对某项具体知识的理解。这些观念和教师们时下所做的并不十分吻合，这种不和谐使他们忧虑，也鞭策他们对教学、考评以及与学生交流学习的方式做出改变。

促进学习的考评理念要求转变观念

虽然很多教师会说他们在做形成性考评，但是他们的考评实践并不总能体现其力量所系的原则和意图。我相信如果教师不是只想在实践中做些修修补补的话，观念的转变是专业学习的核心。“融入学习的考评”理论与教师先前对考评目的的认识以及教学理论存在着潜在的冲突。除非他们成为自我调节的学习者，调整关于考评与教学的缄默知识和信念，否则不可能超越对形成性考评的表面应用。本书所主张的考评变革并不是对实践的小幅调整。而是要求对学校的考评目的做出根本性的改变，将考评的目标从甄别学生转到促进学生的学习。这种转变是对一些长期以来根深蒂固的信念的挑战，涉及为什么要办学，教师为什么要收集学生如何思考和学习的信息等方面。因为“融入学习的考评”以一种不同的方式对考评进行思考，许多教师不太可能将它简单地同化到已有的实践中去。

考虑你的信念

本书主张的考评变革要求在思路上做出一些明显的转变。不要忘记——大多数人所持有的有关学校教育的信念体系和形象源于自己的学习和上学的历史。我们都是工厂模式的学校教育和由“总结学习的考评”主导的文化的产品。瓦特金斯等人（Watkins, Camell, Lodge, Wagner, & Whalley, 2001）提出，人在涉及任何领域的学习时，其意识和能力都保持稳定的状态。他们描述了四种可能的状态（见表 11.1）。我觉得重要的是经常回顾这个模型并判断哪个象限是个人目前学习的最好表征。

表 11.1 学习者的四种可能的状态

(Watkins, Carnell, Lodge, Wagner, & Whalley, 2001)

	没意识到需要学习专门技能或知识	**意识到**需要学习专门技能或知识
专门技能或知识**不够**	我没认识到是自己不懂怎么做	我认识到是自己不懂怎么做
专门技能或知识**足够**	我会做，但没意识到自己是怎么做的	我会做，也意识到自己是怎么做的

研究者在和愿意转变自己考评方法的教师们一起工作时发现，教师们很难摆脱如此根深蒂固以致他们之前从未质疑过的做法。即使在做着形成性考评，他们也经常是将这当作是从学生当中抽出一份用于后边的教学规划和成绩评定的作业（James & Pedder, 2006）。这距离我们的愿景——始终坚持使用考评数据来安排教学并且在教学过程中及时做出反应以适应学生的需要和提升学生的自我考评能力——还相当遥远。迈向新的考评实践的第一步是对个人长期固守的信念的觉察（与学习的情形完全一样）。

只要教师假定“学习这回事”就是教材内容和其他资源，教学就是把这些材料传递给学生，无论学生学还是没学，学校都不可能发生很大的变化。学习，如同我在第四章所描述的那样，对学生来说是一个要求很高的动态过程。

了解学习

如果学校的宗旨是促进学习，那么对教师来说，了解学习就像医生懂得解剖一样。你必须学懂应该懂得的一切。与解剖不同，关于学习存在大量新知识，有待于发现的还更多。我们距离完全理解思维运作的以及人类复杂的学习过程还很遥远。对教师来说，不断地了解人的学习就成为做好工作所必要的职业责任。只看重教学的手段而不强调对学习的理解是短视的。应该把学习放在第一位。

了解你任教的学科

运用考评来引导学生的学习要求教师具备大量的专业知识。他们不仅需要用他们的学科新知识更新他们原有的心智模型，淘汰陈腐的旧知识，而且，他们需要对学科领域里典型的知识发展方向有深刻而详细的理解。需要知道给出什么样的反馈会让学生理解产生错误的原因，需要认可一种策略，即将学生聚在一起暴露他们的错误概念，再以某种方式让学生感到难以坚持既有的观点。在我们对英格兰国家读写和算术素养计划（the National Literacy and Numeracy Strategies）的评价中，最令人信服和惊讶的发现之一，就是教师的学科知识非常肤浅（Earl, Watson, & Torrance, 2002)。这与科恩和希尔对加利福尼亚州数学教学的研究发现一致（Cohen & Hill, 2001）。虽然教师可能对学科有一定的掌握，但他们通常没有关于如何学习的知识，更重要的是他们不知道别人如何进行学习、遇到过什么困难和挫折。教师应能够在恰当的时间里提出恰当的问题，预知概念形成过程中容易出现的错误，准备一套有利于下一步学习的任务。这要求教师对学科内容有深入的了解。想象一下“沼泽地”的案例，教师需要对早期语言发展有所了解，还需要知道孩子的作业中会出现哪些错误概念和困惑。她在分析中要找的不是学生写作中正确或错误的答案。她要寻找的是乔纳森进行（或缺乏）思考的证据。她试图揭示他的学习方式以便进行干预并提供帮助。

“台球桌”的案例也是一样。正是因为那位教师对代数符号和逻辑背后的原理有着深刻而灵活的认识，才能够设计出一个开放式的任务，吸引所有的学生都参与其中，并给他提供有关学生的思考和前概念的宝贵信息。从这里出发，他能够迅速地为每个同学和小组确定下一步的活动，这些活动对每个学生都是一种挑战，而不会是乱折腾。

所以，深入而准确地掌握你的学科知识至关重要——不只是内容，还有公理、结构、组织工具、基本概念、标准的和非标准的程序、典型的错误概念和误解，以及其他构成学科的所有一切。

成为专家型的教师

教育学意义上的理解，需要把理解、学习和内容知识整合起来，成为一套策略和资源以实施有效的教学。专家型教师了解学习，了解他们所教的学科，还有着精湛的教育学知识。他们不断地将自己在这一领域中的知识，与课堂背景下学生的优势、不足、家庭背景、文化体验、发展阶段和学习风格等联系起来。注视一位专家型教师如同注视一位爵士乐大师。其核心乐句保持不变，但考虑到其他乐师和情境的需要，他在处理方式、变奏、修饰和节奏上的变化灵活多样。演奏难以预测，它总是复杂的，能够触摸到不同听众的灵魂。

我曾有机会对一位教师进行了几个月的观察。在一次访谈中，他针对我当时在他的八年级班上观察到的一个单元的教学做了如下的描述：

这个课堂简直像音乐一样。我在小说学习课中选了《双城记》。

我们到剧院去看《悲惨世界》，而且还看了录像。这把我们带进了社会研究。我们聚焦于当时的政治和社会结构。我们就英国和法国的司法制度进行了深入的交谈，对它们进行了比较，讨论两者为什么不同。班上的每个小组都就小说中的某个关键主题做一项课题。他们真的很棒。有个小组甚至在写一个小歌剧。

作为观察者，我观察了他在这个单元的教学过程中与某个学生或小组一起所做的工作。他们以不同的方式，运用不同的资源去完成他们商定的任务。有些学生在为校报写《悲惨世界》的评论。另一些学生在创作关于穷人的困境的叙事诗。小歌剧当然也在写作中。有个男生决定独自做功课，对现行的加拿大司法系统与他们学过的英国和法国的司法系统进行比较，看看有哪些留存至今并推究其原因（考虑最初两个文明都殖民于加拿大，这两种文化的混合至今依然存在）。

在这些孩子投入截然不同的活动中时，教室四周张贴了省里制定的课程学习目标。布告栏里用联络图的方式点出这一单元的学习目标。全班学生一起决定他们将朝向哪个目标努力，以及达到该目标所需的技能和知识。最后，每个孩子或小组都有一块小白板，教师在上面写出对该学生或小组在本单元这一部分的学习的具体期望。

学生们在忙着做他们的作业。教师（有时难以被找到，因为他在活跃和拥挤的教室里四处走动）利用他的时间给予学生“现场”指导，问问题，提供帮助，确定可能的资源，挑战学生的思维，给予有针对性的反馈。下课铃响了，大多数学生仍然在继续做他们的作业，直到完成眼前的任务。课间操之后，他们回来继续做作业。教师在门厅过道和我一起，思考着墙上展示的前一个单元的作业。

在合作探究中共同努力

一段时间以来，教师之间的合作已经被奉为有效学校和改善学校的主要贡献者（Fullan & Hargreaves, 1992）。在过去的十年里，专业学习社区和合作探究已经成为教育改革和专业学习的重要支柱。考评和学习自然是教师之间讨论的焦点。事实上，如果教师们真的决心在学校里使用促进学习和融入学习的考评，为学生提供全程的、跨年级的、连贯的和一致的学习，至关重要的是教师们共同工作并达成某些共同的决策。第一步是相互交谈，以此分享各自对课程的解释和对学生的期待，创造机会让教师看到课程的内在联系以及各门课之间的联系。他们必须有一个总体构图，作为他们将要在学校里和学生一起经历的旅程路线图，不只是画出他们对某一批学生负有直接责任的那个学期或学年的路线，而是学生在学校的全部时间的路线。

描述学生的学习情况给教师带来挑战，此时他们还会对自己的判断和建议有所怀疑。他们的疑虑与教师们多年来的疑虑没有什么不同。他们自问："我有多少把握认定自己是对的？""我在多大程度上相信自己对学生做出的描绘是公平和准确的？"建立对考评的决定的信心的最有效的方式之一就是分享。我与一组教师一起参加了为跨年级、跨学科的学生规划目标图这一棘手的工作，过后我收到了他们当中一位教师的来信：

只是想让你知道，这个星期我们搞了第一个家长之夜活动，结果好极了。我们向他们展示了我们的图表（张贴在大厅里），谈论了在这一学期这些综合的单元将如何起作用。能告诉家长我们将在何时何处传授哪些技能（包括拼写），使家长对主题单元感到兴奋，这种感觉真好。最棒的是我与学生家长见面的时候。我感觉自己的讲话有点威信了。不只是我和孩子的作业在说话。我在脑海中可以听见大家的声音。

当教师让学生参与考评时，对全校统一的考评方式和连贯一致的目标的需要就更加明显。当学生跨级或跨科目转班时，重要的是他们参与考评的机会可以延续，且他们能够看到要学习的东西在变化、增多，越来越复杂。否则，学生可能会对这个一时兴起就改变了基本规则的体制感到困惑和怀疑。

《胜任的课堂》（*The Competent Classroom*, Zmuda & Tomaino, 2001）是一本有意思的书，作者艾里逊·齐姆达和玛丽·托迈纳在书中描述了他们把高中的课程、标准和考评衔接成为一体的合作过程。他们一起工作，相互质疑诘难，磨砺并改进他们作为教师的技能。他们发现考评策略的变化影响到其他所有的一切，因而他们需要多方调整。在这一过程中，他们就项目的基本问题进行了激烈的讨论并以此引导项目前进，使课程目标与他们的基本问题保持一致，制定并完善内容标准和教学要求，将考评融入各个方面，具体地实施计划，运用标准和考评给出等级。他们对这个过程的生动描述，包括对所遇到的困难的描述，是最佳规划的一个精彩事例，也极好地示范了合作所产生的效果有时可以比两者单方面进行更大更好——包括总结学习的、促进学习的和融入学习的考评三者的协作。

别放弃，也不要着急

即使教师愿意并有兴趣改变他们的考评方式，会发现这不并像他们想象的那么容易。改变信念、做法和习惯是艰难且令人气馁的。我把它比作使用汽车里的安全带。我学开车的时候，系安全带不是强制性的。我学的是上车，启动发动机，核对我要去的目的地，然后开动。当系安全带变成了标准的要求的时候，新司机学的是上车，系安全带，然后，启动发动机。直到今天，我还是按照老习惯，常常是在车开之后才匆忙扣上安全带。如果我的新车有一个机制使得不系好安全带机器就发动不起来，那我就会有动机去系安全带；我当然知道如何系安全带，不过在开头几周的时间（幸好不是几个月的时间），当我上了车又回到了老套路的时候，免不了要怨天尤人且手忙脚乱。如果这么容易做的事情都要花费如此多的精力、心思和练习，那么，我们怎么可以假设改变教学方法会容易呢。

> 不要怀疑一小群有思想和忠诚坚定的公民能够改变世界。事实上，没有第二条道路能够改变世界。
>
> 玛格丽特·米德

关于专业发展的影响的大量研究显示，教师要真正改变自己的实践方式以影响学生的学习是多么困难（Timperley, Wilson, Barrar, & Fung, 2008）。改变实践需要时间和实践——需要时间以理解各种考评方式对学习的贡献，需要时间进行实践，包括练习新的技能和方法。教师有可能面对的前景是采用全新的教学方式，放弃和忘掉他们已经熟悉且自信地实践过的许多东西。这需要大量的实践机会并留出犯错的余地。一个训练有素的古典小提琴家在准备演奏新的爵士乐作品时，需要努力练习以掌握那些不同的节奏和力度。像修拉（Seurat）这样的艺术家通过许多的尝试和错误以及技术改良来发展他的点彩画技法。许多艺术家的素描和速写都是从未在画展中展出的练笔之作。同样，剧院里上演的戏经过了彩排，而且在彩排之前男女演员已经用了很多时间和办法来排练表演的角色（Stone, Fink, & Earl, 2002）。

你也需要自我调节

有效和终身的学习涉及建立联系、加入新思想、组织和重新组织理解，最终，自我监控和自我修正或调整。我们走了一圈。正如我在第四章所说：

学习是我们生存的核心，无论是作为个体还是群体。它是训练子孙后代在非常动荡和变幻莫测的世界中应对和求生的关键。也许最重要的是，我们甚至还没有接近可以达到的学习极限。

对教师来说，反思考评是基本的学习。廷珀利在一本新近出版的关于专业学习的书中对此做了清晰的阐述：

专业学习是主动对学生的参与、学习和健康幸福的实践效果进行系统探究的过程，而且，通过这个过程成为自我调节学习者。这个探究过程与能够有效促进学生学习的形成性考评在做法上有很多相似之处。同样的过程也可用于促进教师的学习。主要的差别在于教师的学习必须同时考虑自己和学生两者。教师通过为这两者确定目标来构建他们的学习框架；他们与专家建立起同伴关系以确保他们的学习被充分关注并达到预期目标；他们找出自己进步的信息以便监控和调节自己的学习（Timperley, 2001: 7）。

运用考评优化学习对学生来说是一个成长、变革、监控过程，对教师来说那是和他们的学生一起做出进一步变革的过程。我们要求学生要勇敢、敢于承担风险、学得更多更好。我们自己也面临着同样的挑战。教师需要理解自己的学习，也需要将学习习惯内化。这意味着告知学生自己也是学习者，而且愿意对自己的学习进行深入的探究——是什么激励和影响了学习？是什么妨碍了学习？在学习曲线上前进有什么感觉？

> 对教师来说，去学校既是教学又是学习。他们每天必须有时间进行学习、备课、批改学生的作业，并作为学习团队的成员支持变革……教师的发展不只是在校历中特定的日子里才要做的事。它应是每个教师日常工作的一部分。
>
> 赫希（Hirsch, 2001）

即使那些已经走上了改革道路的教师也会发现这个过程永无止境。在最初的新鲜感和热情消退之后，怎样维持你的活力、新鲜感、理念，如何保持学生大部分的学习投入，促进他们对学习的热爱？如同迈克尔·福兰多年前告诉过我们的那样，改变教育“是一个过程，而不是一个事件”(Fullan, 1997: 34)。

争取你所需要的支持

重新对考评进行学习不仅是一个好主意，它还是改变学校里考评的地位和力量的基本要素。考评是一个在教师培训中一直被忽视且在政策辩论中被回避的领域。我认为，很明显，有很多棘手的问题有待探讨，也有很多东西需要学习。运用促进学习和融入学习的课堂考评的能力和自信并非教师通过潜移默化就可以习得的技能或意向。此外在我的建议中，没有什么是教师无法理解和内化的。不幸的是，学习曲线相当陡而学习的时间相当短。在最理想的方案中，政策制定者、大学、学区、校长和教师自己都发挥了支持作用，然而更可能的情况是教师和行政管理人员将不得不对自己的学习负责，并就自己的需求进行游说。

整体推进

对考评和教学所做的这些改变都在教师和学校的工作范围之内。在很多国家的很多学校和课堂里我们已经看到这种变化隐约地闪现。在加拿大的曼尼托巴省开展的一项为期五年的改进学校研究中（Earl & Lee, 1998），我们确认了一种可以成功导致全校显著变化的模式——可以用一个包含“紧迫（urgency）”“动力（energy）”“能动性（agency）”和“更大的动力（more energy）”四个要素循环的活动模式对其进行描述，后来我们又增加了“协同效应（synergy）”这一要素（Earl & Lee, 1998）。

学校里的一些事情促使一批教师对改变他们的教学方式产生了“紧迫”感。对这种紧迫性的体验可能导致“动力”的迸发，或者产生有成效的活动，或者陷入绝望。当条件适合的时候，“动力”的迸发引致一个良性的循环，感觉到工作的“能动性”和成果不断增多。一起工作的“协同效应”使他们往前更进了一步，又释放出“更大的动力”，不断进行循环。

当学校感觉到行动的召唤，或因某件大事而造成紧迫感的时候，就会着手进行大的变革。学校里发生的这些事情使他们震惊，迫使他们相信必须做出改变并迅速做出改变。全体教师（有时还包括学生和社区）经历了一些迫使他们采取行动的事情。一位学校协调员对此这样描述：“我们突然醒悟了。”对于其他人，这种认识没有那么深刻——只是有种事情不妥的不安感。通常这样的经验会成为一种挑战：教师应如何看待世界，或者更确切地说，学校与世界有什么联系。世界不再是他们所了解的那样，维持现状是不能接受或不适当的。当教员们相信他们对世界的看法与他们要达到的目标不一致的时候，他们就会有一种不和谐和紧迫的感觉。紧迫感来自多方，但是无论来自什么方面，教员们开始通过不同的视角来理解他们的学校、他们自己和他们的学生。

一旦学校感觉到变革的紧迫性，教员们的劲头就来了。他们感到“动力”和创造力十足。出于紧迫感的“动力”在学校没能做出回应的时候可能会引起躁动和停滞，不然的话它就是行动的推动力。很多时候，教师不得不去寻找他们感到必需的变革方式。当他们找到支持，或知道他们可以获得支持的时候，他们就报告说有“能动性”了，表达了他们对能够做好所必须做的事情或者得到所需要的培训的信心。有时候，培训先于信心并有助于自信的获得，有时候则反过来。通过自身或专业发展提升能力对持续的进步至关重要。无论用哪种方式，教师都会有几方面的发展。他们增长了知识和技能，改变了意向，确立了对自己和对他们在教育变革中作用的正面看法。共同努力创造了“协同效应”，因为他们增强了信心并且不断地拓展和提升了他们的专业能力。所生成的这种势头形成“更大的动力”。这个过程将继续下去。

> 我们一直邀请教师们登上豪华客轮前往他们从未去过的地方，而他们不相信这比留在家里更好。我们纳闷为什么他们会抗拒呢？在我们的经验中，当教师们对他们要去的地方有了印象之后，他们就会前往那里，无论采用什么方式，即使那意味着要划独木舟。
>
> 厄尔（Earl, 1999）

在我看来，让更多的学生在更多的时候进行高质量的学习是一个引人入胜的构想，同时带有现实的紧迫性。我相信这一构想可以成为在学校里释放活力、激发行动的原动力。教师和行政管理人员通过共同努力，运用从他们透过共同决策和共享知识而产生的协同作用，能够找到培养能力和能动性的资源。这些学校能够迈开步子，走上教育转型的道路，由内到外。

参考文献

Arter, J. & McTighe, J. (2001). *Scoring rubrics in the classroom: Using performance criteria for assessing and improving student performance*. Thousand Oaks, CA: Corwin.

Assessment Reform Group. (1999). *Assessment for learning: Beyond the black box*. Cambridge, UK: University of Cambridge School of Education.

ATCS. (2012). *What are 21st century skills*? Retrieved from, http://atc21s.org/index.php/about/what-are-21st-century-skills/.

Beare, H. (2001). *Creating the future school*. London, England: Routledge.

Berliner, D. (2006). Our impoverished view of educational reform. *Teachers College Record, 108*(6), 949-995.

Biggs, J. B., & Collis, K. F. (1982). *Evaluating the quality of learning: The SOLO taxonomy*. New York, NY: Academic Press.

Biggs, J. B., & Moore, P. J. (1993). *The process of learning* (*3rd ed.*). Englewood Cliffs, NJ: Prentice Hall.

Black, P. (1998). *Testing: Friend or foe? Theory and practice of assessment and testing*. London, England: Falmer.

Black, P., Harrison, C., Lee, C., Marshall, B., & Wiliam, D. (2003). *Assessment for learning: Putting it into practice*. Berkshire, England: Open University Press.

Black, P. & Wiliam, D. (1998). *Inside the black box: Raising standards through classroom assessment*. London, England: King's College School of Education.

Bloom, B., Hastings, J. & Madaus, G. (1971). *Formative and summative evaluation of student learning*. New York, NY: McGraw-Hill.

Bransford, J. D., Brown, A. L., & Cocking, R. R. (2000). *How people learn: Brain, mind, experience, and school*. Washington, DC: National Academy Press.

Broadfoot, P. (1996). *Education, assessment and society*. Buckingham, UK: Open University Press.

Broadfoot, P. (2002). Assessment for lifelong learning: Challenges and choices. *Assessment in Education: Principles, Policy & Practice*, *9*(1), 5-7.

Burke, K. (2011). *From standards to rubrics in six steps: Tools for assessing student learning*. Thousand Oaks, CA: Corwin.

Butler, D. L. & Winne, P. H. (1995). Feedback and self-regulated learning: A theoretical synthesis. *Review of Educational Research*, *65*(3), 245-281.

Clark, I. (2012). Formative assessment: Assessment is for self-regulated learning. *Education Psychology Review*, *24*, 205-249.

Clarke, S. (2001). *Unlocking formative assessment*. London, England: Hodder and Stoughton.

Cohen, D. K. & Hill, H. C. (2001). *Learning policy: When state education reform works*. New Haven, CT: Yale University Press.

Costa, A. (1989). Reassessing assessment. *Educational leadership*,

46(7), 2.

Costa, A. (1996). Prologue. In D. Hyerle (Ed.), *Visual tools for constructing knowledge*. Alexandria, VA: Association for Supervision and Curriculum Development.

Costa, A. & Kallick, B. (2000). *Activating and engaging habits of mind*. Alexandria, VA: Association for Supervision and Curriculum Development.

Crooks, T. (1988). The impact of classroom evaluation practices on students. *Review of Educational Research*, *58*(4), 438-481.

Csikszentmihalyi, M. (1990). *Flow: The psychology of optimal experience*. New York, NY: Harper & Row.

Cuban, L. (1988). A fundamental puzzle of school reform. *Phi Delta Kappan, 70*(5), 341-344.

Darling-Hammond, L. (1992, November). Reframing the school reform agenda. *The School Administrator*, 22-27.

Darling-Hammond, L. (1994). Performance-based assessment and educational equity. *Harvard Educational Review, 64*(1), 5-30.

Duffy, F. M. (2003). I think, therefore I am resistant to change. *Journal of Staff Development, 24*(1), 30-36.

Earl, L. (1999). *The paradox of hope: Educating young adolescents*. Victoria, Australia: Incorporated Association of Registered Teachers of Victoria.

Earl, L. (2003). *Assessment as learning: Using classroom assessment to maximize student learning*. Thousand Oaks, CA: Corwin.

Earl, L. & Cousins, J. B. (1995). *Classroom assessment: Changing the face, facing the change*. Toronto, Canada: OPSTF.

Earl, L. & Katz, S. (2006). *Leading in a data rich world*. Thousand Oaks, CA: Corwin.

Earl, L. & Lee, L. (1998). *Evaluation of the Manitoba school improvement program*. Toronto, Canada: Walter and Duncan Gordon Foundation.

Earl, L. & LeMahieu, P. (1997). Rethinking assessment and accountability. In A. Hargreaves (Ed.), *ASCD 1997 yearbook: Rethinking educational change with heart and mind*. Alexandria, VA: Association for Supervision and Curriculum Development.

Earl, L, Watson, N., & Torrance, N. (2002). Front row seats: What we've learned from the national literacy and numeracy strategies in England. *Journal of Educational Change, 3*(1), 35-53.

Elmore, R. (2004). *School reform from the inside out: policy, practice, and performance*. Cambridge, MA: Harvard Education Press.

Ertmer, P. & Newby, T. (1996). The expert learner: Strategic, self-regulated, and reflective. *Instructional Science, 24,* 1-24.

Firestone, W. A., Schorr, R. Y., & Monfils, L. F. (Eds.). (2004). *The ambiguity of teaching to the test.* Mahwah, NJ: Lawrence Erlbaum.

Fullan, M. (1991). *The new meaning of educational change*. Toronto, Canada: OISE Press.

Fullan, M. (2000). The return of large-scale reform. *Journal of Educational Change, 2*(2), 5-28.

Fullan, M. (2009). *All systems go: The change imperative for whole system reform*. Thousand Oaks, CA: Corwin.

Fullan, M. & Hargreaves, A. (1992). *What's worth fighting for in your school?* New York, NY: Teachers College Press.

Gardner, H. (1991). *The unschooled mind.* New York, NY: Basic Books.

Gipps, C. (1994). *Beyond testing: Towards a theory of educational assessment.* London, England: Falmer Press.

Gipps, C., McCallum, B., & Hargreaves, E. (2000). *What makes a good primary school teacher? Expert classroom strategies.* London, England: Routledge.

Goleman, D. (1995). *Emotional intelligence: Why it can matter more than IQ.* New York, NY: Bantam.

Gronlund, N. T. (2000). *How to write and use instructional objectives (6th ed.).* Englewood Cliffs, NJ: Prentice Hall.

Hakkarainen, K., Palonen, T., Paavola, S., & Lehtinen, E. (2004). *Communities of networked expertise: Professional and educational perspectives.* Amsterdam: Elsevier.

Haney, W. (Ed.). (1991). *We must take care: Fitting assessments to function.* Alexandria, VA: Association for Supervision and Curriculum Development.

Haney, W., Madaus, G., & Lyons, R. (1993). *The fractured marketplace for standardized testing.* Boston, MA: Kluwer.

Hargreaves, A., Earl, L., Moore, S., & Manning, S. (2001). *Learning to change: Teaching beyond subjects and standards.* San Francisco, CA: Jossey-Bass.

Hargreaves, A., Earl, L., & Ryan, J. (1996). *Schooling for change: Reinventing education for early adolescents.* London, England:

Falmer.

Hattie, J. (2009). *Visible learning: A synthesis of over 800 meta-analyses relating to achievement.* London, England: Routledge.

Hattie, J. & Timperley, H. (2007). The power of feedback. *Review of Educational Research, 77*(1), 81-112.

Hirsch, S. (2001). We're growing and changing. *Journal of Staff Development, 22*(3), 10-17.

Hynes, W. (1991). *The changing face of testing and assessment.* Arlington, VA: American Association of School Administrators.

James, M., McCormick, R., Black, P., Carmichael, P., Drummond, M. J., Fox, A., MacBeath, Marshall, B., Pedder, D., Procter, R., Swaffield, S., Swann, J., & Wiliam, D. (2007). *Improving Learning How to Learn-Classrooms, Schools and Networks.* Abingdon: Routledge.

James, M. & Pedder, D. (2006). Beyond method: Assessment and learning practices and values. *The Curriculum Journal, 27,* 109-138.

Jensen, E. (1998). *Teaching with the brain in mind.* Alexandria, VA: Association for Supervision and Curriculum Development.

Katz, S. (1999). Substituting the symbol for the experience: Exposing a fallacy in mathematics education. *Journal of Mathematical Behavior, 27*(4), 405-410.

Katz, S., Earl, L., & Ben Jaafar, S. (2009). *Building and connecting learning communities: The power of networks for school improvement.* Thousand Oaks, CA: Corwin.

Klenowski, V. (2007). Assessment in education: Principles, policy &

practice. *Assessment in Education: Principles, Policy & Practice, 24*(2), 269-274.

Leahy, S., Lyon, C., Thompson, M., & Wiliam, D. (2005). Classroom assessment: Minute-by-minute and day-by-day. *Educational Leadership, 63*(3), 18-24.

Lemann, N. (1999). *The big test: The secret history of the American meritocracy.* New York, NY: Farrar, Straus and Giroux.

Linn, M. & Songer, N. (1991). Cognitive and conceptual change in adolescence. *American Journal of Education, 99*(4), 379-417.

Linn, R. (2008). Validation of uses and interpretations of state assessments. *Technical issues in large-scale assessment.* The Council of Chief State School Officers.

Linn, R. & Gronlund, N. (2000). *Measurement and assessment in teaching (8th ed.).* Pearson.

Marzano, R. (2000). *Transforming classroom grading.* Alexandria, VA: Association for Supervision and Curriculum Development.

Marzano, R. (2006). *Assessment and grading that work.* Alexandria, VA: Association for Supervision and Curriculum Development.

Marzano, R., Brandt, R. Hughes, C., Jones, B., Presseisan, B., Rankin, S., & Suhor, C. (1988). *Dimensions of thinking: A framework for curriculum and instruction.* Alexandria, VA: Association for Supervision and Curriculum Development.

Marzano, R. Pickering, D., & McTighe, J. (1993). *Assessing student outcomes: Performance assessment using the dimensions of learning model.* Alexandria, VA: Association for Supervision and

Curriculum Development.

Newmann, F. (1996). Linking restructuring to authentic student assessment. *Phi Delta Kappan, 73*(6), 458-463.

OECD. (2012). *PISA 2009 Technical Report.* Paris: Organization for Economic Cooperation and Development.

Olsen, D. R. & Bruner, J. S. (1996). Folk psychology and folk pedagogy. In D. R. Olsen & N. Torrance (Eds.), *The handbook of education and human development.* Cambridge, MA: Basil Blackwell.

Perkins, D. (1992). *Smart schools: From training memories to educating minds.* New York, NY: Free Press.

Perkins, D. & Unger, C. (Eds.). (2000). *Teaching and learning for understanding.* Mahwah, NJ: Lawrence Erlbaum.

Pollard, A. & Filer, A. (1999). *The social world of children's learning.* London, England: Cassell.

Popham, J. (2001). The truth about testing: An educator's call to action. *Alexandria, VA: ASCD.*

Popham, J. (2002). Right task, wrong tool. *American School Board Journal, 189*(2), *18-22.*

Popham, J. (2008). *Transformative assessment*. Alexandria, VA: Association for Supervision and Curriculum Development.

Popham, J. (2009). Our failure to use formative assessment: Immoral omission? Retrieved from, http://www.lesn.appstate.edu.

Popham, J. (2011, February). Formative assessment-A process, not a test. *Education Week,* Retrieved from, http://www.edweek.org/ew/articles/2011/02/23/21popham.h30.html.

Popham, W. J. (2008). Formative Assessment: Seven Stepping Stones to Success. *Principal Leadership, 9*(1), 16-20.

Sadler, R. (1989). Formative assessment and the design of instructional systems. *Instructional Science, 18,* 119-144.

Senge, P. (1990). *The fifth discipline: The art and practice of the learning organization.* New York, NY: Doubleday.

Shepard, L. (1989). Why we need better assessments. *Educational Leadership, 46*(7), 4-9.

Shepard, L. (2000, April). The role of assessment in a learning culture: Presidential address. Paper presented at the annual meeting of the American Education Research Association, New Orleans.

Simon, M., Ercikan, K., & Rousseau, M. (Eds.). (2012). *Improving large-scale education assessment: Theory, issues, and practice.* Taylor and Francis Group.

Stiggins, R. (1991). Assessment literacy. *Phi Delta Kappan, 72*(7), 534-539.

Stiggins, R. (1997). *Student-centered classroom assessment (2nd Ed.).* Columbus, OH: Merrill.

Stiggins, R. (2001). *Student-involved classroom assessment (3rd Ed.).* Upper Saddle River, NJ: Prentice Hall.

Stoll, L., Fink, D., & Earl, L. (2002). *It's about learning (and it's about time): What's in it for schools?* London, England: Routledge Falmer.

Sutton, R. (1995). *Assessment for learning.* Salford, UK: RS.

Timperley, H., Wilson, A., Barrar, H. and Fung, I. (2008). *Teacher professional learning and development: Best evidence synthesis iteration*. Wellington: New Zealand Ministry of Education.

Timperley, H. (2011). *Realizing the power of professional learning.* London, England: Open University Press.

Volante, L. (Ed). (2012). *School leadership in the context of standards-based reform.* Amsterdam: Springer.

Vosniadou, S. (2001). *How children learn.* The International Academy of Education and the International Bureau of Education. Retrieved from, http://unesdoc.unesco.org/images/0012/001254/125456e.pdf.

Vygotsky, L. S. (1978). *Mind in society: The development of the higher psychological processes.* Cambridge, MA: Harvard University Press.

Watkins, C, Camell, E., Lodge, C., Wagner, P., & Whalley, C. (2001). *Learning about learning: Staff development resources from NAPCE.* Unpublished manuscript, London, England.

Weinstein, R. S. (1998). Promoting positive expectations in schooling. In Lambert, N. M. & McCombs, B. L. (Eds.), *How students learn: Reforming schools through learner-centered education.* Washington, D. C. : American Psychological Association.

Wiggins, G. (1993). *Assessing student performance.* San Francisco, CA: Jossey-Bass.

Wiggins, G. (1998). *Educative assessment: Designing assessments to inform and improve performance.* San Francisco, CA: Jossey-Bass.

Wiliam, D. (2006). Formative assessment: Getting the focus right. *Educational Assessment, 22*(3 & 4), 283-289.

Wiliam, D. (2011). *Embedded formative assessment.* Bloomington, IL: Solution Tree.

Wilson, R. (1996). *Assessing students in classrooms and schools.* Scarborough, UK: Allyn & Bacon.

Wolf, D., Bixby, J., Glenn, J., & Gardner, H. (1991). To use their minds well: Investigating new forms of student assessment. *Review of Research in Education, 27*, 31-74.

Young, S. & Wilson, R. (2000). *Assessment and learning: The ICE approach.* Winnipeg, MB: Portage & Main Press.

Zmuda, A. & Tomaino, M. (2001). *The competent classroom: Aligning high school curriculum, standards, and assessment-A creative teaching guide.* Washington, DC: National Education Association.

